# MUNDO
# DE ÁNGELES

## LA AUTORA

Luz Stella Rozo es la autora de los best-sellers Éxito Sin Límites, premiado con el The 2000 Literary Hall of Fame Book Awards y *El Poder Milagroso de los Salmos*, premiado con el primer lugar entre los libros sobre temas religiosos con el 2003 Literary Hall of Fame Book Awards. Ambas obras han sido publicadas por Llewellyn Español.

## CORRESPONDENCIA A LA AUTORA

Para contactar o escribir a la autora, o si desea más información sobre este libro, envíe su correspondencia a Llewellyn Worldwide para ser remitida a la autora. La casa editora y la autora agradecen su interés y comentarios en la lectura de este libro y sus beneficios obtenidos. Llewellyn Worldwide no garantiza que todas las cartas enviadas serán contestadas, pero si le aseguramos que serán remitidas a la autora.

Favor escribir a:

Luz Stella Rozo
℅ Llewellyn Español
P.O. Box 64383, Dept. 0-7387-0645-0
St. Paul, MN 55164-0383, U.S.A.

Incluya un sobre estampillado con su dirección y $US1.00 para cubrir costos de correo. Fuera de los Estados Unidos incluya el cupón de correo internacional.

Muchos de los autores de Llewellyn poseen páginas en Internet con más información. Por favor visite nuestra página:
http://www.llewellynespanol.com

INVOCACIONES PARA SU SALUD, PROFESIÓN Y BIENESTAR

# MUNDO DE ÁNGELES

## LUZ STELLA ROZO

Llewellyn Español
St. Paul, Minnesota 55164-0383, U.S.A.

*Mundo de Ángeles: Invocaciones para su salud, profesión y bienestar* © 2005 por Luz Stella Rozo. Todos los derechos reservados. Ninguna parte de este libro puede ser reproducida, incluso en el Internet, sin permiso escrito de la Editorial Llewellyn, excepto en el caso de citas breves en artículos importantes y en la crítica de libros.

PRIMERA EDICIÓN
primera impresión, 2005

Coordinación y edición: Edgar Rojas
Diseño de la portada: Lisa Novak
Ilustraciones del interior: Kevin R. Brown
Imagen de la portada: Brand X

Biblioteca del Congreso. Información sobre esta publicación. (Pendiente).
Library of Congress Cataloging-in-Publication Data. (Pending).

ISBN 0-7387-0645-0

Llewellyn Español
Una división de Llewellyn Worldwide, Ltd.
P.O. Box 64383, Dep. 0-7387-0645-0
St. Paul, MN  55164-0383, U.S.A.
www.llewellynespanol.com
Impreso en los Estados Unidos de América

A ti, con amor y agradecimiento.

—La autora

## A MODO DE SUGERENCIA

En el actual trabajo presentamos los nombres de ángeles que curan o sanan dolencias físicas y mentales específicas. Queremos advertir a nuestros amables lectores, que en ningún momento deben reemplazar a su médico por los citados ángeles. Antes por el contrario, deberá ser una fuerza aunada entre el conocimiento clínico del profesional, la fe puesta en la entidad angélica por parte del paciente y el seguimiento estricto de las indicaciones del médico para que se realice el milagro de la sanación. Este procedimiento solamente podrá suspenderse, cuando el galeno tratante constate que efectivamente sí ha habido una recuperación.

—La autora

# TABLA DE CONTENIDO

# PRÓLOGO

"No hay profesión o actividad humana
que no sea regentada por los ángeles".

—*San Agustín*

A lo largo de todos estos años que llevo escribiendo sobre ángeles, surge una pregunta constante de parte del público: ¿cómo hago para saber el nombre de mi ángel? ¿Cómo puedo comunicarme con él?

Algunas personas han escrito, dando como respuesta a este anhelo tan humano, una serie de charadas, juegos y acertijos donde el lector que los hace siguiendo esas instrucciones, saca en un sorteo realizado entre un determinado número de nombres previamente escritos, el que supuestamente corresponde a su ángel personal.

En una revista vi uno de estos juegos, donde solamente estaban escritos siete apelativos angélicos; por supuesto, los más conocidos, entre los cuales, no podían faltar los de los arcángeles Rafael, Miguel, Gabriel y Uriel. En esta forma, el incauto buscador del nombre de su ángel quedaba limitado únicamente a siete nombres.

Igualmente en Internet hay un programa gratis, en el cual colocas tu nombre, tu fecha de nacimiento, y . . . ¡zuas! Allí dice la falacia de explicar cómo se llama tu ángel, con una descripción muy bella sobre este personaje.

Pero lo que más preocupa, es que hay gente inescrupulosa que tal como vi en una feria esotérica, tomó este programa, lo bajó de Internet, cogió su ordenador (computadora) portátil y tenía en dicha feria una larga lista de incautos para que por medios electrónicos, le "adivinara" el nombre de su ángel. Por supuesto pagando.

En el libro de Gustav Davidson, titulado *A Dictionary of Angels*, hay más de dos mil nombres. El autor, un estudioso del tema angélico muy reputado y serio, quien escribió dicha obra basado en una profunda investigación en las auténticas fuentes: antiquísimos textos sagrados de distintas religiones de eras pretéritas; hace un breve comentario sobre cada uno de los ángeles mencionados en su trabajo. Y sin embargo, hay muchos que no están en esa amplia lista.

Esto no es de extrañar, porque Davidson se limitó, como es natural, a publicar los nombres mencionados en sus fuentes de información. Pero no puede escribir todos los nombres angélicos y arcangélicos, porque eso sería igual a que alguien quisiera encerrar dentro de un libro todos los nombres de los seres humanos que han poblado el planeta Tierra. ¡Misión imposible! Imposible porque hemos sido millones de millones y los nombres no han seguido un mismo patrón y cada día continuamos inventando nuevas formas de llamarnos.

En todo caso, el diccionario sobre los nombres humanos, tendría que llevar el mismo lineamiento de Gustav Davidson: describir los más conocidos, los más comunes, los más frecuentes o destacados.

Los grandes hombres del pensamiento místico que dedicaron su vida al estudio de la angeología, no coinciden en el número de estos seres. Es lógico, porque sería como si quisiéramos determinar el número de habitantes que han poblado nuestro planeta. Considero yo, es misión inejecutable.

En cuanto a la población del Reino Angelical, el evangelista Juan hizo dos menciones; en una escribió: "Su número es igual a las arenas del mar". En la otra expresó: "Igual cantidad que astros hay en el firmamento". Si nosotros nos dedicamos a hacer un cálculo somero, no nos van a alcanzar los números que conocemos y mucho menos los métodos, para contar los granos de la arena del fondo del mar. Y en cuanto a astros, como es bien sabido, nuestro amado planeta Tierra, se encuentra dentro de una de las tantísimas e innumerables galaxias que integran el sistema universal. La nuestra se halla en la Vía Láctea. Solamente nuestra galaxia, está compuesta por millones de astros. Entonces, si comenzamos a sumar los millones de nuestra galaxia, más los millones de millones de las otras galaxias y sistemas, es como para volverse loco, porque se nos bloquea el disco duro de la computadora cerebral.

En conclusión, que saber a cuanto asciende la "miríada" —como se expresa en la Biblia— de seres angélicos, es algo más que imposible. Por lo tanto, misión inasequible también es, saber sus respectivos nombres.

Esta exposición sobre los numerosos e incalculables moradores de los estratos angélicos, es con el fin de que el lector entienda que sacar o adivinar el nombre del ángel de una persona entre una lista de siete nombres, o de veinte, o de cien, es absurdo.

En algunas comunicaciones los ángeles han expresado el principio que conocemos muchos mortales: "Todos somos Uno en Dios". Ellos aplican frecuentemente esta tesis, si no desean manifestar su nombre o identificarse individualizándose. Igual conducta manifiestan muchos maestros cuando en las canalizaciones se les ha querido personificar.

Ante la insistencia del humano para quien la individualización es una necesidad, muchas veces han respondido: "llámame como quieras". Esta concesión demuestra la comprensión que tienen de nuestra naturaleza mortal. Nosotros necesitamos identificarnos dentro de nuestro ego tan súper abultado. Ellos no.

En los talleres que dicto hemos tenido cualquier tipo de experiencias con respecto a la forma de autodenominarse los ángeles. Muchas veces han dado nombres incomprensibles para quienes no hayan estudiado la Cábala o leído la Toráh y el Talmud, libros sagrados de los hebreos, fuentes de donde la iglesia católica se nutrió para escribir la Biblia. Al ser Uno con Dios, las inteligencias angélicas han dado como suyo, los nombres sagrados e impronunciables de Dios. Éstos, para ser impronunciables, no tienen vocales y más que nombres propios, parecen una fórmula química, porque algunos de ellos, incluso tienen intercalados algunos números.

Las más de las veces, se han identificado como Miguel. El hecho de que un ser angelical dé este nombre, no necesariamente indica que sea el mismo arcángel Miguel, o sea, la totalidad de la energía del segundo al mando en el Reino Espiritual, quien se haya personificado en esa ocasión.

Dentro de la Ley de Uno con Dios, también manejan los ángeles eso de que somos uno con nuestro jefe. Esto parte del hecho de que así como Dios creó emanando de Sí mismo, los grandes arcángeles para crear sus propios ejércitos, lo han hecho de igual manera. Posiblemente es por este motivo que los miembros de los batallones de un determinado arcángel, muchas veces no dan nombres propios, sino el del ser de quien proceden y quien a la vez los comanda y en tal forma se identifican dando el de dicho arcángel. A un batallón no solamente pertenecen emanaciones del arcángel que lo preside, sino también ángeles que ya estaban formados y se identifican con este jerarca. En cuanto a la cantidad de ángeles, en una canalización de una vidente, escuché a un querubín expresar: "No hay números para contarnos". También los nombres varían de acuerdo a una ley, según la cual, al cambiar a determinadas posiciones u obligaciones, es modificada la forma de llamarse la entidad espiritual. Eso se ve también en los maestros y en los seres que alguna vez poblaron nuestro planeta y que a través del mérito, han ido obteniendo el derecho a poseer determinado nombre, o a añadir al que ya tienen, un prefijo o sufijo estipulado, que de por sí, indica la dignidad alcanzada.

Resumiendo o retomando el inicio del tema, los ángeles sin nombre, muchas veces ante el deseo de su compañero terrenal de identificarlo, tienen dos opciones: o le dicen un nombre que se asocie o identifique con el idioma manejado por el terrícola, o simplemente le expresan: "Si sientes la necesidad de que yo tenga nombre, llámame como quieras". Uno de estos casos, es el de una niña quien hace varios años asistió junto con su hermana mayor y su madre, a uno de mis seminarios. Su ángel le dijo que se llamaba Tomasa.

¿Se imagina alguien un nombre más prosaico para identificar a un ángel, que el de Tomasa? No solamente no te lo has imaginado, sino que quienes escriben esas adivinanzas para que puedas "ganarte" el nombre de tu ángel, jamás se les ocurriría colocarlo en su lista, así como tampoco el de Lorem, la manera de identificarse mi propio ángel de compañía.

Entonces, continúa la incógnita: ¿qué hago para saber cómo se llama mi ángel? Conocer el nombre de tu ángel puede ser el resultado de un largo proceso, o de algo inesperado que ya llegó a ti, seguramente sin darte cuenta o sin esperarlo o a lo mejor sin solicitarlo. Si ya arribó a ti ese conocimiento, es porque —aunque tú no hubieras hecho el esfuerzo consciente— llevas mucho tiempo dentro de tu supra-consciente, deseando establecer una estrecha comunicación con tu compañero angelical. Y la vehemencia de ese deseo ha mantenido latente esa comunicación, fortaleciéndola cada vez más, hasta que ella se hizo parte de tu realidad.

Esto, si no fue un proceso evolutivo, mediante el cual, trabajaste duro y constantemente tratando de establecer este contacto, sin desmayar, hasta que por fin, se dio.

En otras palabras: dentro de la ley de Libre Albedrío, debes solicitarlo fervientemente, tenazmente, con mucha fe y amor, tratando de establecer la comunicación con tu ángel de compañía. Tu fe y tu constancia serán premiadas. Pero lo más importante no es saber el nombre del ángel. Lo más importante, es advertir su presencia, establecer esa comunicación de espíritu a espíritu, sentir ese inefable amor, indescriptible, sublime, que nos llena de gozo y de lágrimas los ojos, como si ese sentimiento no cupiera dentro de nuestro pecho.

Al mantener este tipo de contacto, es posible que te olvides hasta de preguntarle cómo se llama, porque ante el afloramiento de tan gloriosos sentimientos, el nombre pasa a segundo plano.

Cuando Dios creó el universo, Su primera obra fueron los ángeles y de ellos Se sirvió como co-creadores. Concluida la obra fundamental, los dejó administrando o gobernando lo creado. Por eso vemos tal como es mencionado en el libro del Apocalipsis, que hay un ángel reinando (o prestando servicio) en cada una de las actividades de la creación y del quehacer humano. Desde hace muchos siglos está escrito en los libros sagrados de las diferentes religiones, los nombres de los ángeles que trabajan en las distintas horas de la jornada solar y no solamente en las horas, sino en las diversas partes del día: mañana, tarde y noche. Igualmente existen los ángeles que gobiernan en las estaciones del año, en cada uno de los cuatro puntos cardinales, en la salida del sol y su ocultamiento, en cada uno de los signos zodiacales, de los meses del año, de los días de la semana y por lo tanto, en cada día del año específicamente.

# INTRODUCCIÓN

Esta obra por su extensión la hemos dividido en dos: este libro corresponde a la primera parte, donde proporcionamos los nombres de los ángeles de cada profesión y de los signos zodiacales. En la segunda entrega que hemos titulado *Un Ángel para cada día*, también a publicarse por Llewellyn Español, está la lista completa de los ángeles que prestan servicio cada día del año, incluso el 29 de febrero y su respectivo mensaje el cual no solamente es dirigido a los nacidos en esa fecha específica, sino a quien lea cada día el mensaje del ángel regente en ese espacio-tiempo del año solar.

Para decidir en conciencia el nombre del ángel que debería colocar en cada fecha, la autora lo solicitó en canalización. La respuesta angélica fue: "No hay un solo ángel para cada día: hay millares. De esos millares de nombres, daremos uno para que los nacidos en ese día, y quienes lo lean, puedan invocarlo en especial". En cuanto a los mensajes, expresaron: "Cada día hay miles de millones de bellos mensajes para ustedes". Entre los millares de nombres de ángeles que gobiernan cada día, escogimos de acuerdo con ellos mismos, uno que representara a todos sus compañeros que prestan servicio cada veinticuatro horas del actual almanaque o calendario terrestre.

El contenido, mensaje y propósito del libro que tienes en tus manos, es el de familiarizarte con el Reino Angelical y su extensa amplitud. Como podrás ver en estas páginas, no se circunscribe a un ángel de compañía, porque en realidad cada ser humano tiene entre tres a cinco, ni a tres arcángeles, porque como se expresó anteriormente basándose la autora no solamente en las revelaciones que ella ha recibido, sino en las descritas en muchos libros sagrados que posee la humanidad fuera de la Biblia cristiana y de libros como la Toráh y el Talmud de los hebreos, el número de ángeles existentes es incontable.

Las entidades espirituales de altísimo nivel descritos en los libros judeocristianos con el nombre de ángeles, existen en todas las religiones antiguas y actuales y todas coinciden en que la primera creación de Dios, fueron estos seres de los cuales se valió el Creador para realizar su obra creadora. Por eso también son llamados los ángeles, además de ministros, sirvientes de Dios, Sus mensajeros, ayudantes y co-creadores. Y es más: los libros sagrados coinciden en que Dios dejó a muchos de estos co-creadores, trabajando en lo que ayudaron a crear, a fin de mantener el orden y la energía suficiente para su subsistencia.

En el mundo espiritual todo es presente; por tal motivo, muchas de las actividades, tecnologías, "descubrimientos" y "creaciones" humanas de la actualidad y también del futuro, ya han existido en la mente creadora y en la realidad del Reino del Espíritu, desde siempre y por ende, desde siempre han estado al cuidado de sus ángeles guardianes.

En esta obra entrego al lector que ha llegado al nivel de aceptar esta verdad —porque debemos recordar que el maestro llegará cuando el alumno esté preparado— el conocimiento sobre los ángeles que prestan servicio en todas las actividades del ser humano terrestre, la manera más fácil de conectarse con estas energías angélicas y los bellos mensajes que han entregado para quienes los quieran recibir y poner en práctica con el fin de lograr un avance trascendente en su evolución no solamente desde el punto de vista espiritual, sino también emocional, mental, físico, material, económico y amoroso.

Para lograr un mayor y efectivo resultado, te sugiero querido amigo, querida amiga que estás leyendo esta página, que mantengas este libro a tu lado, como texto de consulta y que acates las sugerencias dadas por los ángeles.

Si no encuentras tu profesión u oficio en estas páginas, puedes solicitármela a mi correo electrónico: luzestela@cantv.net que con mucho gusto haré la consulta pertinente y te la enviaré. Así mismo nos servirá para introducirla con su correspondiente respuesta en la próxima edición.

Para hacer este compendio, hice también una labor de investigación consultando fuentes muy serias y antiquísimas descritas en la bibliografía.

# 1

## ¿QUÉ ES UN ÁNGEL?

Para definir la explicación correspondiente a esta pregunta, los doctores de la iglesia católica pasaron muchos años y varios concilios estudiándola.[1] Como conclusión expresaron que "Su constitución es diferente a la de los seres humanos. Su carne no tiene nuestra densidad . . ."

Un ángel es una entidad espiritual que vive en una dimensión diferente a la nuestra donde no necesita el vehículo que nosotros usamos para poder estar anclados en este plano. Son seres cuya constitución es energía, luz y amor. Estas tres energías aunadas, se repotencian y producen un nivel de onda muy elevado, imposible de alcanzar por seres no polarizantes con esta frecuencia. Pero sí, podemos los humanos llegar a voluntad a un nivel medio donde ellos también intencionalmente bajan su frecuencia y elevan la nuestra hasta poder encontrarnos nosotros con ellos.

Estas entidades, las primeras en haber sido creadas —como ya se mencionó en la introducción de este libro— de acuerdo a la teología judeocristiana, posiblemente tomada esta creencia de religiones mucho más antiguas que la de los hebreos, son llamadas ángeles por nosotros; y en otras religiones, fueron o continúan siendo conocidos como dioses menores que

---

1. Asamblea o congreso de obispos y otros eclesiásticos —los cardenales son obispos con la dignidad de cardenal— que realiza la iglesia católica para tratar y decidir sobre materias de fe y costumbres.

el Dios desconocido —como lo llamó San Pablo— o Gran Energía del Universo. Estas súper poderosas energías luminosas, han sido confundidas con maestros, seres extraplanetarios, guías, etc.

La bibliografía hebrea es rica en nombres angélicos y arcangélicos, casi todos terminados en el sufijo el. En el hebreo antiguo, los sufijos el, se refieren a Dios. En dicho idioma, la partícula el, siempre indica algo relacionado a Dios, que es de Dios o que pertenece a Dios. Se utiliza ya sea antes o después de una palabra y sin hacer separación, formando así una significación. Vemos algunas como El-Adonay (A Dios) Elohim (el ángel de Dios) Elohay, (mi Dios) etc., o nombres como Dumariel, Daniel, etc. En las primeras, "el" está delante del vocablo, y en las segundas de último, pero en ambos casos indica que estamos haciendo una asociación con Dios.

Ángel se denomina a cada uno de estos seres, como distintivo de su esencia que los mortales podríamos llamar raza. Igualmente, dentro del mundo angelical, quien tiene el título raso de ángel, es el que se encuentra debido a su menor grado de energía angélica, más cercano a nuestra realidad planetaria y humana.

Es importante destacar aquí, tal como se mencionó en lo referente a la conclusión de la iglesia católica: los ángeles no tienen corporeidad. Esto es, no poseen un cuerpo físico. Son energía, luz y amor, ya descrita y su ambientación en cualquier lugar, cielo o astro, es hipotética, ya que son seres con poder de ubicuidad. Lo cual quiere decir que pueden encontrarse en varios lugares al mismo tiempo. La capacidad de estar en mayor cantidad de ámbitos en el mismo momento, está estrechamente relacionada con su potencialidad y poder energético. Dios por lo tanto, está en todo sitio al unísono. Los ángeles, en algunos emplazamientos en el mismo instante.

De igual forma, las alas, el tamaño, sus vestiduras, etc., son descripciones que necesita el ser humano para poder entender la divinidad. De la misma manera que la Biblia y demás libros sagrados nos hablan de la voz de Dios, las manos de Dios, los ojos de Dios, etc.

Por tal motivo, sucede que mucha gente ha visto ángeles y no se ha dado cuenta, porque los ha percibido como ellos en realidad son: energías luminosas. Estos humanos que han captado bellas luces moradas, rosadas, amarillas, doradas, azules, verdes, blancas, etc., no se han percatado que estaban viendo ángeles, los cuales se encontraban tratando de establecer un contacto más directo. Somos los sordos que no queremos oír y los ciegos que no queremos ver. Hasta que ellos haciendo un esfuerzo sobre-angelical, no condensan energía y se materializan, no nos damos por complacidos y entonces sí decimos que hemos visto un ángel. Esto es, vimos a un ángel disfrazado de ángel, tal y como los humanos lo conciben: una bata con alas en la espalda.

A fin de conocer su propia descripción, en una canalización a mi ángel maestro Machélikel le pregunté: ¿Qué es un ángel? Su respuesta fue: "Un ser en evolución, pero una evolución ya superior. Somos ayuda para muchos seres en numerosos mundos. Energía del Padre, energía del Innombrable.[2] Es también compañía para ustedes, compañía y solución. Si así lo desean y ejercen su libre albedrío, al decir Ángel mío, o ángel guardián mío, te doy permiso para actuar por mí, le están, como dicen ustedes, abriendo la puerta para que haga lo que tiene que hacer, aún sin solicitarlo en el momento preciso".

Como en el mundo espiritual se diluye el poder de las oraciones, peticiones protecciones, etc., ¿cuántas veces debemos hacer esta autorización en el tiempo de un día terreno? Le pregunté. Su respuesta fue:

"Aceptarlo en su propio ser, una sola vez en su día terreno. Pero decirlo con alma y corazón, con entrega absoluta, confianza y fe que en verdad va a solucionar cuanto deba solucionar. Aún estando descarriada la persona, el ángel actúa".

---

2. "Innombrable" es un eufemismo dado a Dios por los seres angelicales, para indicar que Dios no tiene nombre, o que el nombre de Dios, no lo podemos pronunciar porque sería irreverente.

# 2

## RANGOS ANGÉLICOS

En el mundo angelical, los ángeles han sido divididos en categorías o clasificaciones donde ellos automáticamente son situados en correlación directa con el poder energético y de luz que cada uno de ellos posea.

Nosotros los humanos podemos hacer una similitud con los cables de la energía eléctrica. Si a un transformador de alta potencia le conectamos el cable del teléfono o del timbre de la puerta, éste no aguantará la sobrecarga y se achicharrará. Igualmente sucede en el manejo de la energía: un ser que no tenga las condiciones energéticas de otro que las posee en mayor cantidad, no podrá aguantar esa sobrecarga cuando su campo energético se acerque o se una al otro mayor. Por lo tanto, debido a la carga energética que pueden manejar, la cual está de acuerdo al servicio que prestan, automáticamente se agrupan.

He querido presentar al lector algunas de las clasificaciones que las distintas religiones e incluso corrientes dentro de ellas mismas —por ejemplo en la hebrea— han hecho del Reino Angelical. Los judíos no tienen como en la iglesia católica, una cabeza que se autodenomina infalible en materia de religión y que decide sin derecho a réplica, ya sea porque haya consultado o no con expertos en la materia, qué se debe creer y qué no, en cuanto a su doctrina.

Los hebreos tienen estudiosos del Talmud, el libro que a su vez analiza a la Torah (ver glosario), los cuales son llamados talmudistas. Ha habido muy brillantes talmudistas, cuya manera de entender la teología desde el punto de vista hebreo, ha sido considerada de gran importancia para este pueblo y religión. Algunos de ellos no han coincidido en el ordenamiento e incluso en la cantidad y denominación de las entidades angélicas y la creencia en cada una de estas divisiones, ha quedado "a gusto del consumidor", por cuanto nadie tiene la autoridad para imponer una creencia como dogma de fe.

Igualmente, otros autores, incluso fundadores de religiones importantes como el zoroastrismo que continúa viva entre los sufís, han dado su propia versión sobre las categorías angelicales. He considerado importante que los lectores que a través de libros sobre ángeles, se están nutriendo en este conocimiento, las conozcan y hasta se familiaricen con ellas, a la vez que comprendan que la única división de los estratos angélicos, no es la oficial de nueve coros de la iglesia católica y que incluso dentro de esta iglesia, los doctores que se dedicaron a profundizar en este estudio, tuvieron divergencia de criterios. Estos diversos cuadros no pretenden confundir, sino por el contrario aclarar que no solamente existen los nueve coros o estratos angelicales oficiales.

En el mundo espiritual, al igual que en el material, es necesaria una organización y si se quiere, una disciplina muy bien cimentada, para lograr que todo funcione como debe ser. Por lo tanto, en el Reino del Espíritu fue donde también se creó la burocracia. Esta burocracia por lógica conlleva a que haya jefes y subordinados. Aunque en honor a la verdad, no es debido a lo que yo llamo burocracia, sino por el manejo de las diferentes energías existentes entre ellos. Es aquí, donde aprendemos, que queramos o no, el ser humano se va destacando y otros se van quedando atrás, formándose automáticamente variados estratos sociales, culturales, económicos, etc.

A continuación presento en primer lugar un cuadro donde aparecen los nueve coros de la iglesia católica y la forma diferente de dividirlos distintos autores de ese credo.

# DISTINTAS CLASIFICACIONES ANGÉLICAS

| Iglesia católica<br>Dionisio el pseudo areopagita y Santo Tomás de Aquino | San Ambrosio | Isidoro de Sevilla | San Gregorio | Juan de Damasco | Dante |
|---|---|---|---|---|---|
| 1. Serafines | 1. Serafines | 1. Serafines | 1. Serafines | 1. Serafines | 1. Serafines |
| 2. Querubines | 2. Querubines | 2. Querubines | 2. Querubines | 2. Querubines | 2. Querubines |
| 3. Tronos | 3. Tronos | 3. Poderes | 3. Tronos | 3. Tronos | 3. Tronos |
| 4. Dominios | 4. Dominios | 4. Principados | 4. Dominios | 4. Dominios | 4. Dominaciones |
| 5. Virtudes | 5. Virtudes | 5. Virtudes | 5. Principados | 5. Poderes | 5. Virtudes |
| 6. Poderes | 6. Poderes | 6. Dominaciones | 6. Poderes | 6. Autoridades | 6. Poderes |
| 7. Principados | 7. Principados | 7. Tronos | 7. Virtudes | 7. Directores | 7. Arcángeles |
| 8. Arcángeles | 8. Arcángeles | 8. Arcángeles | 8. Arcángeles | 8. Arcángeles | 8. Principalidades |
| 9. Ángeles | 9. Ángeles | 9. Ángeles | 9. Ángeles | 9. Ángeles | 9. Ángeles |

División en 3 coros de 3 posiciones 3 x 3 = 9, o Eneada, número esotérico y cabalístico.

**La Torah**

| Segun Maimónides | El Zohar (Éxodo 43) | Mazeket Azilut | Berit Menucha |
|---|---|---|---|
| 1. Chaiot ha Quadesh | 1. Malakines | 1. Serafines | 1. Arelines |
| 2. Eufenines | 2. Erelines | 2. Ofanonines | 2. Ishines |
| 3. Erelines | 3. Serafines | 3. Querubines | 3. Bene Elohines |
| 4. Chasmalines | 4. Jaiotes | 4. Shinanimes | 4. Malakines |
| 5. Serafines | 5. Ofanines | 5. Tarshihines | 5. Hashmalines |
| 6. Malakines | 6. Jashmalines | 6. Ishines | 6. Tarshinines |
| 7. Elohines | 7. Elimes | 7. Hashmalines | 7. Shainnanines |
| 8. Bene Elohines | 8. Elohines | 8. Malakines | 8. Querubines |
| 9. Querubines | 9. Bene Elohines | 9. Bene Elohines | 9. Ofanines |
| 10. Ishimes | 10. Ishimes | 10. Ishimes | 10. Serafines |

División del Reino Angelical en 10 coros. El 10 es número esotérico y místico.

1. Serafines

2. Querubines

3. Tronos

4. Dominaciones

5. Poderes

6. Virtudes

7. Principalidades

8. Arcángeles

9. Ángeles

10. Inocentes

11. Mártires

12. Confesores

División del Reino Angelical en 12 coros. El 12 es un número esotérico y místico, según lo describe Francis Barret en su libro *El Mago*.

Luego está una división en diez coros donde doctores talmudistas dan su distinta opinión en cuanto a esta clasificación. Y por último, la categorización de Barret, antiguo y reputado angeólogo autor de varios libros sobre este tema. Estos no son los únicos reordenamientos de las divisiones angelicales; me limité a las descritas, para que el lector se dé una idea de que hay que tener mente amplia en este y todos los aspectos religiosos. El tema de las clasificaciones angélicas es de por sí tan amplio, que daría material para un libro sobre el particular.

Como notará, estas divisiones han sido hechas en números cabalísticos.

En cuanto a mi clasificación personal, yo creo en una categoría por llamarla de alguna manera, que está por sobre todas las citadas y que no aparece en ninguna de ellas: Los Arcanos de la Trinidad Perfecta. Son energías tan poderosas que allí se encuentran los ángeles portadores del trono y seres de la talla de Miguel, aunque como se ha explicado ampliamente en otros capítulos de este libro, seres como Miguel, pueden al mismo tiempo estar en otros lugares y estratos. De los Arcanos de la Trinidad Perfecta, salen todas las órdenes tanto de ellos, como de Dios, las cuales van bajando hasta llegar a quien las va a ejecutar o entregar. Recordemos que allí hay una organización y disciplina tan perfecta, que un ser da una orden a un subalterno, éste a su vez, la da a otro que le obedece y ese, a otro que está a sus órdenes, hasta que llega a quien la va a cumplir. Esto indica a las claras que no poseen libre albedrío y muchas veces al ser preguntados sobre algo, explican que no tienen permiso de dar la información solicitada.

Igualmente creo que un Elohím, no es más que el Ángel de Jehová y que el Ángel de Jehová, es el mismo Ángel del Señor. Es cuestión de semántica y de traducción. No debemos olvidar que al principio se confundió la presencia de estos ángeles con la de Dios y que estamos seguros que no fue Dios quien hizo su presentación, porque la misma Biblia lo dice a través del evangelista Juan: "Nadie ha visto a Dios".

Por otro lado, creo en otras divisiones angelicales que no son mencionadas oficialmente en las iglesias cristianas, así como que existen distintos nombres para una misma categoría, como podrá comprobar el lector al leer la descripción de los que prosiguen.

A continuación presento algunas de los estratos o coros angélicos más conocidos tanto en religiones occidentales como orientales a fin de que el lector sepa quienes están dentro de ellas y qué hacen. Es de hacer notar que la posición en que los he colocado, en ningún caso indica que unos sean más o menos importantes que los precedentes o los posteriores. Por tal motivo los he situado en orden alfabético

## Aclamaciones

Se cree que los Aclamaciones pertenecen a las tres primeras jerarquías angélicas, las cuales a su vez, se subdividen en otras tres de menor rango. Estas otras jerarquías se llaman Voces, Exclamaciones y Apariciones. Según su propia definición, los ángeles explicaron sobre los Aclamaciones. "Es una orden muy alta. Están muy cercanos a los Querubines".

## Amshahpands

Su nombre en hebreo es Amesha Spentas, lo que quiere decir "Los Santos Inmortales". Según la religión de Zoroastro, estos ángeles son los equivalentes de los arcángeles de las religiones judeo-cristianas.

Estos son los arcángeles que gobiernan sobre los planetas. Los Amesha Spentas son el equivalente persa de los Sephiroth de la Cábala. En la mitología persa, Armaita es uno de los Amesha Spentas o arcángeles. Según esas mismas fuentes, éste es un espíritu de luz, de sabiduría, de verdad y de bondad. En su significado más oculto, profundo y de gran jerarquía, los Amesha Spentas tienen al igual que en todo lo que existe, su contraparte: una energía negativa o maligna.

Si a ver vamos, Satán quiere decir el lado oscuro de Dios. Esto nos debe ayudar a comprender que el mal denominado Satanás o demonio por las religiones judeo-cristianas, es en realidad la otra cara de la moneda: el polo opuesto del bien.

En las doctrinas de Zoroastro, Asha Vahishta es el nombre de un Ameshja Spentas, un arcángel de la rectitud.

## *Arcángeles*

El prefijo ARC, quiere decir "El que manda" o "El que domina". Por tal razón "Arcángel", indica a un ser que domina o manda sobre los ángeles. Aunque en realidad, no todos los arcángeles tienen mando sobre huestes angélicas. La mayoría de los Arcángeles son entidades del Reino Angelical con mayor rango que los ángeles normales. Se le dice Arcángel a todo ser angélico situado en una orden superior a la de los ángeles en general.

Según Dionisio en su libro *Teología Mística y Jerarquía Divina*, los arcángeles son los mensajeros encargados de ejecutar los decretos Divinos.

Ángel es sinónimo de tropa. Arcángel, de oficialidad. Seres de gran luz, como Miguel, son denominados arcángel. El libro de Daniel, identifica así a este príncipe.[1]

Hay muchos nombres arcangélicos conocidos por estar mencionados en libros que podríamos decir fueron escritos bajo inspiración divina, como Los Libros de Enoch. En el Primero, menciona siete arcángeles: ellos son: Miguel, Uriel, Ragüel, Serakael, Gabriel, Haniel, y Rafael. Otros libros sagrados dan algunas variantes en cuanto a los nombres de los siete arcángeles que según la Biblia están constantemente ante la Divina Presencia: Rafael, Barakiel, Jehudiel, Sealtiel, Oriphiel, Zadkiel u Anael también conocido como Haniel.

De acuerdo a lo manifestado en el libro *El Testamento de Levi*, son los arcángeles los encargados de pedir ante Dios, perdón por los pecados cometidos por ignorancia de los seres humanos.

Por su parte la Cábala, menciona diez arcángeles, situándolos en el mundo de Briah, el cual es el segundo de los cuatro mundos creados.

---

1. El libro de Daniel es uno de los que componen la parte de la Biblia denominada Antiguo Testamento. La presencia angélica es muy destacada y rica en esta obra escrita según las autoridades religiosas judeo-cristianas, por inspiración divina.

## *Arcontes*

La etimología de la palabra Arcón o Arconte viene del griego. Quiere decir jefe. O también, el que manda, gobernador, magistrado por excelencia, etc.

Hubo un movimiento religioso denominado los Arcónticos, quienes ante la peligrosa persecución de la iglesia católica, tuvieron que refugiarse en Palestina con el fin de salvar sus vidas. De allí, este culto fue propagado a Egipto y a Armenia. Estos creyentes decían que el mundo estaba dividido en siete cielos, armónicamente relacionados y gobernados cada uno de ellos por un Arconte. El Arconte gobernador del último cielo, es Sabaoth, tenido por los antiguos judíos como un ser de altísima luz. Según libros muy antiguos, en la tarea creadora, o más bien, co-creadora, al Arconte Sabaoth, le correspondió crear la Tierra.

Los arcónticos sostenían que el Arcón Sabaoth fue el padre de Caín y de Abel. Que Seth fue el único hijo de Adán con Eva.

Igualmente existen algunos rollos apócrifos donde está escrito el Apocalipsis. Ellos creían que este libro —según ellos, el auténtico— había sido escrito por Seth y lo guardaban con verdadero celo.

Los Arcontes gobiernan sobre las naciones. La palabra "Arcón" significa "Ángel Grandioso" o un "Gran Ángel". En realidad este grado o división es tan alto, que se encuentra situado entre los doce principados de los Arcanos de la Trinidad Perfecta. Los Arcanos —tal como se explicó anteriormente— no son catalogados como Ángeles, sino como entidades muy superiores al rango angélico más alto. Están después de Dios y son los que dan las órdenes y tienen dominio directo sobre el Reino Angelical.

## *Ardores o Adoradores*

Estos ángeles son mencionados en el famoso e internacional libro *El Paraíso Perdido* de Milton. En esta orden, John Milton incluye al arcángel Rafael. También el poeta Vigny en su obra poética *Eloha*, menciona a los Ardores o Adoradores, como una orden de gran importancia dentro de la jerarquía angélica.

Están muy cerca del Eterno. Son los que abren el camino a los ángeles hacia los humanos. Son emanaciones de los Arcanos.

## Dominios

Igualmente identificados como Dominaciones, Señores y Señoríos. A los Dominios o Dominaciones se les conoce como los burócratas celestiales. A través de ellos, la voluntad de Dios es manifestada.

En la tradición hebrea los Dominios son los mismos Hashmallim. De la misma manera se les llama Kuriotetes. Algunos príncipes de los Dominaciones son: Zadkiel, Hasmal o Chasmal, Yariel y Muriel.

## Embajadores

Este es un título dado a algunos arcángeles. Aunque no aparece en las órdenes angélicas, lo reciben ciertos ángeles cuya misión es mantener la paz. En la Biblia, en Isaías 33:7 se les llama "Embajadores de la Paz". En el Zohar, este término es traducido como "Ángeles de Paz". Aunque ninguno es identificado por su nombre propio, estos ángeles deberían ser invocados constantemente por todos los habitantes de la Tierra, a fin de que podamos por fin, alcanzar la paz en todas las regiones de nuestro amado planeta.

El siguiente es un mensaje que de ellos se recibió cuando se estaba escribiendo este libro:

"Recuerda que la paz de tu planeta y la paz de toda la humanidad, comienza en el corazón de cada uno de los hombres.
Así que inicia la búsqueda de tu paz personal.
Armoniza tu corazón, tu alma, tus sentimientos y todas tus células, con la paz universal, la cual se fundamenta en el amor incondicional.
Respira amor, piensa en amor, siente en amor,
vive en amor y la paz vivirá en ti y siempre proyectarás paz.
Y por lo tanto, tu entorno será de paz y de amor".

## Eones

En los libros de los gnósticos, el Eon, es descrito como un ser celestial de gran poder y situado en una de las órdenes angélicas más altas.

Ya fue mencionado anteriormente en esta obra que los ángeles fueron creados en el mismo día, en la posición, capacidad o cantidad de energía que van a tener eternamente y que su creación fue la primera que hizo Dios. Luego, se valió de estos seres para que le ayudaran en su tarea creadora. Por lo tanto, los ángeles son co-creadores.

Pues bien: Eon, quiere decir, el ser o los seres que primero fueron creados. Esta palabra para los gnósticos significa "Inteligencia eterna, emanada de Divinidad Suprema". Esto es: "Emanación de Dios". Es comparable también con el Sephirot, que tiene el mismo significado. Al respecto cabe destacar que los gnósticos entienden que al igual que en el Sephirot, esta emanación de Dios, es tanto femenina como masculina.

Es significativo que los fenicios dieran este nombre a la primera mujer creada por Dios, y por lo tanto, madre del género humano.

La palabra Eon, a su vez se deriva del vocablo griego *aion* que significa *tiempo*. Los Eones fueron los primeros en el tiempo. Incluso su nombre se ha convertido en sinónimo de mucho tiempo. Muchas veces para significar una gran y hasta incontable cantidad de años, leemos: "hace eones de años".

Las órdenes angelicales aceptadas por las iglesias cristianas, se basaron en las enseñanzas que dio Dionisio el Areopagita a su amigo Pablo (San Pablo). Hasta el siglo sexto, época en que la iglesia católica hizo otra enmienda en sus creencias, se tenía la fe puesta en lo aceptado durante el siglo tercero, donde a los fieles se les explicaba que los jefes de los Eones eran diez, cuyos nombres todos parecen tener origen griego: Bythios, Mixis, Aageratos, Hernosis, Autophyes, Hedone, Akinestos, Nonogenes, Cothiathios y Macarohyes.

En los dos primeros siglos de nuestra era, un gran estudioso del mundo angélico llamado Ignacio Teoforus, dejó escritos donde menciona que los Eones tienen mucho poder y altísima dignidad, similar a la de los Poderes a la de los Autoridades y tanta preeminencia como los Serafines.

La autora quiso saber directamente de los mismos ángeles su opinión sobre este rango angélico y esta fue su escueta respuesta: "Es una división. Es el segundo orden. Están mucho más abajo que los Aclamaciones".

## Hashmallines

El término Hashmallín quiere decir "La profundidad de una esfera". Indicando así, la parte oscura o secreta, donde está lo oculto o velado a los ojos humanos, las misteriosas letras del nombre sagrado que allí se halla.

En el libro *Las Leyendas de los Judíos*, se describe a los Hashmallines rodeando el trono de Dios. Las Sagradas Escrituras se refieren a ellos, como "el ángel que habló desde el fuego", o el "ángel que se presentó y habló, tomando la figura del fuego". Esto nos da a pensar en la posibilidad de que haya sido un Hashmallin quien haya asumido la figura de la zarza ardiente desde donde se comunicó con Abrahám.

Esta es una orden de muy alta frecuencia y poder, que se puede comparar con los Dominios o Dominaciones. También algunas leyendas cuentan que ellos cargan el trono de Dios.

## Ofanines

La traducción de Ofanín, palabra del antiguo hebreo, es rueda, o el que tiene muchos ojos. En la Biblia, podemos leer en el libro de Ezequiel, la amplia descripción que hace de los Ofanines, a quienes, llama "Seres Vivientes", o simplemente, "Vivientes".

Capítulo 1:4: "Y miré y he aquí que un viento tempestuoso venía del Aquilón [2], una gran nube, con un fuego envolvente, y en derredor suyo un resplandor, y en medio del fuego, una cosa que parecía como de ámbar.

---

2. Viento frío procedente del Norte.

Y en medio de ella, —de la nube— las figuras de cuatro vivientes. Y este era su parecer: había en ellos semejanza de hombre. Y cada uno tenía cuatro rostros y cuatro alas.

Y los pies de ellos eran derechos, y la planta de sus pies, como la planta del pie del becerro; y centelleaban a manera de bronce muy bruñido.

Y debajo de sus alas, a sus cuatro lados, tenían manos de hombre; y sus rostros y sus alas por los cuatro costados.

Con las alas se juntaban el uno al otro. No se movían cuando andaban; cada uno caminaba en derecho de su rostro.

Y las figuras de sus rostros, eran rostro de hombre; y rostro de león a la parte derecha en los cuatro. Y a la izquierda, rostro de buey en los cuatro. Así mismo había en los cuatro rostro de águila.

Tales eran sus rostros; y tenían sus alas extendidas por encima, cada uno dos, las cuales se juntaban y las otras dos cubrían sus cuerpos . . . corrían y tenían semejanza de relámpagos . . . y ellos se semejaban al color del topacio . . . Y eran tan altos que producían espanto y estaban llenos de ojos alrededor. Y cuando andaban, las ruedas andaban con ellos . . ."

Arriba de la cabeza de estos seres aparecía una expansión a manera de cristal maravilloso . . . y debajo de la expansión estaban las alas de ellos, paralela la una a la otra; a cada uno dos, y otra con la que se cubrían el cuerpo. Y el sonido de sus alas cuando andaban, era como el ruido de muchas aguas, como la voz del Omnipotente, como ruido de muchedumbre, como la voz de un ejército. Cuando se paraban, aflojaban sus alas . . .

Cubriendo la expansión que había sobre sus cabezas se veía la figura de un trono que parecía de piedra de zafiro. Encima del trono, había una semejanza de hombre sentado en él.

Y vi apariencia como de ámbar, como de fuego dentro de ella . . ."

## Poderes o Potestades

En la segunda esfera, se encuentran los Poderes o Potestades, también conocidos como Potencialidades o Potencias, Autoridades y Energías. Milton en *El Paraíso Perdido*, los cataloga como Guardianes. Los Poderes pertenecen al primer grupo de ángeles creados por Dios.

Según algunos escritos antiquísimos, los seis más altos rangos de los Poderes, están distribuidos en la siguiente forma: Logos Divino, Poder Creativo, Poder Soberano, Piedad, Legislación y Poder que aplica la Justicia.

Entre los Poderes se encuentran los Ángeles del Tránsito, encargados de los dos pasos más importantes del ser humano en el planeta Tierra. Entrar y salir de él. Esto es, el nacimiento y lo que algunos llaman muerte física.

Los Poderes son posiblemente los ángeles más bellos en su apariencia física. Dios piensa en todo: en el momento de nuestra muerte, nos envía a los más hermosos de Sus ángeles, seres de mucha luz, caridad, amor y comprensión, para que nos ayuden en esa situación crucial y tan temida por algunos.

## Principados

También identificados como Principalidades, es una de las nueve órdenes reconocidas por la iglesia católica, basándose en los conocimientos entregados por Dionisio el Areopagita a su compañero Saulo de Tarso (San Pablo). El mismo Dionisio dice de ellos: "Cuidan a los líderes de la humanidad". Y según Gustav Davidson, "presumiblemente los inspiran para tomar decisiones correctas". También de acuerdo a lo expresado por Dionisio, los Principados o Principalidades son protectores de las religiones.

Los libros herméticos de los coptos egipcios establecen como el jefe de los Principalidades a Suroth. Dentro de los escritos de la iglesia católica, son mencionados en la Epístola dejada por San Ignacio Mártir, quien los describe como "la jerarquía de los Principados".

Los Principados o Principalidades participan en todas las relaciones humanas. Son los ángeles guardianes de los grupos humanos. Son ángeles de la integración, la unidad y la intercomunicación.

Por tal motivo, es muy importante rezar u orar a los Principados por la unión del país, por la comprensión entre los seres humanos, por el éxito de una empresa, por nuestros hogares, por nuestras relaciones, etc.

Entre los jefes de los Principados, está Anael, quien ha manifestado ser uno de los siete ángeles que participaron en la creación, y Hamiel uno de los tres ángeles que transportó a Enoch al cielo y Cervil, el Ángel de la fuerza, quien ayudó a David a derrotar a Goliat.

## Querubines

Más allá de los Tronos, están los Querubines. Ellos son los guardianes de la Luz y de las Estrellas. A pesar de su lejanía, sus luces llegan hasta nosotros los mortales.

De acuerdo al Génesis, fueron los Querubines los primeros ángeles en ser creados. (Génesis 3:22).

Recientemente, la autora de este libro, tuvo la oportunidad de estar recibiendo a través de canalización, la visita de un querubín. Su personalidad fue una sorpresa hermosísima y agradable, por cuanto se podría decir de ellos, que son niños grandes, o que son como esas personas negadas a crecer porque no quieren dejar atrás su niñez.

Hasta la manera como emiten la voz a través del canal, es totalmente infantil. Hablan como si fueran niños de tres o cuatro años. Incluso, mueven al canal y dan a quien los está canalizando, gestos y posturas infantiles.

El querubín me aclaró: "tenemos un espíritu muy infantil, pero somos seres muy grandes. Soy mucho más grande que tú". También explicó que inspiraron a los pintores y escultores del Renacimiento y de la Edad Media, para que los pintaran como bebes, porque en esa forma, están reflejando la esencia más perceptible de ellos, desde el punto de vista material.

En el libro de Ezequiel, el capítulo 10 está dedicado en su totalidad a describir a los querubines. A partir del versículo 7 dice así: "Y apareció en los querubines la figura de una mano humana debajo de sus alas.

Y miré y he aquí cuatro ruedas junto a los querubines y junto a cada querubín, una rueda; y el aspecto de las ruedas era como el de piedra de Tarsis . . . las cuatro eran de una forma, como si estuviera una en medio de la otra. Cuando andaban, sobre sus cuatro costados se movían; no se tornaban cuando andaban, sino que al lugar adonde se volvía el primero, en pos de él iban; ni se tornaban cuando andaban.

Y toda su carne, y sus costillas y sus manos y sus alas y las ruedas, llenas estaban de ojos alrededor en sus cuatro ruedas.

A las ruedas oyéndolo yo, se les gritaba: ¡Rueda!

Y cada uno tenía cuatro rostros. El primer rostro era de querubín, el segundo era de hombre, el tercero era de león y el cuarto era de águila.

. . . Y cuando andaban los querubines, andaban las ruedas junto con ellos; y cuando los querubines alzaban sus alas para levantarse de la tierra, las ruedas también no se separaban de ellos . . ."

## Serafines

En el libro de Isaías —uno de los que componen la Biblia—, en el capítulo 6, este profeta describe así su visión de los serafines. "En el año [en] que murió el rey Uzzías, vi yo al Señor sentado sobre un trono alto y sublime, y sus faldas henchían el templo.

Y encima de Él, estaban serafines: cada uno tenía seis alas; con dos, cubrían sus rostros, con dos cubrían sus pies y con dos, volaban.

Y el uno al otro daba voces diciendo: 'Santo, Santo, Santo es Jehová de los ejércitos; toda la Tierra está llena de Su gloria'.

Y los marcos de las puertas se estremecieron con la voz del que clamaba y la casa se hinchió de humo.

. . . Y voló hacia mí uno de los serafines, teniendo en su mano un carbón encendido tomado del altar . . ."

Los serafines son una jerarquía angelical muy elevada, por lo cual se encuentran energéticamente muy alejados de nosotros los humanos.

## Tronos

En el Corán, los versículos son llamados Siuras (suras). En la 40 y en la 69, son mencionados los Tronos. Según este libro sagrado de los islámicos, los Tronos son los portadores del Trono de Dios. Son cuatro ángeles encargados de esta honorífica tarea. Pero el día de la resurrección, su número se doblará: serán ocho.

Los Tronos son conocidos también como Erelines, Faninesa y Galanines. Desde el cuarto cielo, donde residen, se encargan de cuidar los planetas

Los Tronos se identifican como un fuego blanco muy brillante. Una leyenda dice que en demostración de amor, los Tronos dieron de su propia sustancia espiritual para la creación del ser humano.

Según antiguas creencias hebreas, estos ángeles están llenos de ojos. En la Biblia son descritos en Ezequiel 1:13–19.

Algunos de los príncipes de los Tronos más conocidos son: Orifiel, Zabkiel o Zphkiel.

## Virtudes

Los hebreos en sus antiguos libros dan a los Virtudes el mismo rango que los Tarshishim. También se les llama los Refulgentes o Resplandecientes. Algunos de sus príncipes son: Rafael, Miguel, Gabriel y Tarshish.

El principal y posiblemente único trabajo de los Virtudes, es estar constantemente mandando energía sanadora a la Tierra. A este coro pertenecen los ángeles del medio ambiente, cuidando que se mantenga el nivel ecológico dentro de los límites, enviando mayor cantidad de fuerza divina cuando hay grandes concentraciones humanas.

En el esquema planetario de los coptos egipcios, el jefe de los Virtudes es Pi Rhe. En comunicaciones recientes, los Virtudes han solicitado y hasta implorado, que les colaboremos en la tarea de salvar al planeta. Es tanta la energía negativa producida por los humanos, que los Virtudes no se dan abasto para contrarrestar el daño que estamos haciendo. Por tal motivo, nos piden orar mucho y enviar ingentes cantidades de amor y luz a nuestro globo terráqueo y a quienes en él conviven, a fin de que ayudemos a eliminar tantos miasmas que agobian a nuestra querida madre Tierra.

# 3

## DISTINTAS REGENCIAS ANGELICALES

Según los Esenios[1] los arcángeles gobernaban los días de la siguiente manera:

| | | |
|---|---|---|
| Lunes | Gabriel | Ángel de la vida |
| Martes | Camael | Ángel de la alegría |
| Miércoles | Miguel | Ángel de la Tierra |
| Jueves | Zadkiel | Ángel del agua |
| Viernes | Hanael | Ángel del aire |
| Sábado | Casiel | Ángel de la alimentación |
| Domingo | Rafael | Ángel del sol |

---

1. A los Esenios erróneamente se les ha llamado secta. Era una ramificación de la religión judía, que daba gran importancia a la parte esotérica y mística. Por tal motivo, fueron proscritos y perseguidos hasta la extinción, aunque sus enseñanzas continuaron vivas a través de algunas escuelas filosóficas. Se cree que los templarios tenían el conocimiento de los Esenios. Igualmente asegura la tradición que fueron los Esenios quienes orientaron a los sabios posteriormente llamados reyes magos, hasta el lugar donde se encontraba escondido el niño a quien ellos consideraban el Mesías: Jesús de Nazareth.

De acuerdo a los movimientos llamados de la Nueva Era, donde se destaca la regencia de los arcángeles sobre los distintos colores conocidos como rayos —la palabra "rayo" indica la energía del color—. Al vibrar una energía o rayo a señalada frecuencia o rata, esa vibración produce un determinado color. El orden es así:

| | | |
|---|---|---|
| Lunes | Jofiel | Rayo dorado |
| Martes | Chamuel | Rayo rosado |
| Miércoles | Gabriel | Rayo blanco |
| Jueves | Rafael | Rayo verde |
| Viernes | Uriel | Rayo oro-rubí |
| Sábado | Zadkiel | Rayo violeta |
| Domingo | Miguel | Rayo azul |

# 4

## ÁNGELES GOVERNADORES EN
## LA NATURALEZA (CREACIÓN)

Es muy importante la labor desempeñada por lo ángeles encargados de mantener el orden y el nivel adecuado de energía necesaria y específica en las diferentes partes de la creación divina.

Muchas veces me han hecho preguntas demostrativas de la duda que tiene el interlocutor sobre la utilidad y eficacia de la ayuda angélica en nuestro mundo físico. No podemos ser "los hombres de poca fe" que menciona la Biblia.

Refiriéndome concretamente al servicio que prestan las entidades angélicas para mantener estabilizada la naturaleza, debo aclarar que los ángeles del medio ambiente y los arcángeles pertenecientes al coro de los Virtudes, juegan un papel preponderante, enviando ingentes cantidades de energía perseverantemente para equilibrar las fuerzas en nuestro mundo material el cual se ve constantemente afectado negativamente por el permanente deterioro que los seres humanos estamos causando al planeta.

Lo hacemos con todos los inventos, construcciones y actos tales como el número creciente de automóviles, el incremento de edificios cubiertos de vidrios y espejos, los miles de kilómetros de pavimento y concreto que proliferan diariamente contribuyendo a calentar nuestro globo terráqueo, la contaminación ambiental de fábricas, cloacas, derrames de petróleo, uso de aerosoles y productos domésticos contaminantes, como muchos jabones y detergentes, las talas y quemas de nuestros bosques, los cuales son productores de oxígeno, refrescadores del clima, los cuales atraen las lluvias y evitan la erosión del suelo.

Igualmente estamos contaminando al planeta con el ruido ambiental. Dicen quienes han estado fuera de "la Niña Tierra", que es el planeta más escandaloso del firmamento. El ruido que hacemos pasa las barreras de la estratosfera. Es algo similar a cuando uno sube a una montaña cercana a una gran ciudad: desde arriba se escucha el murmullo de ella, el ruido que hace el tránsito vehicular y los miles de radios y equipos de sonido a altos decibeles.

Estamos produciendo un tipo de contaminación peor: el que emanamos de nosotros mismos. En este planeta que al igual que el resto del universo es un mundo de energía donde incontables energías se entrecruzan, los actos del animal más inteligente, están destruyendo su hábitat con la emanación de emociones plagadas de odio, rencor, envidia y todos los actos lascivos, que conllevan a conductas desviadas, a gulas de todo tipo, no solamente de comida. Hay gula de sexo, de dinero, de placeres, etc. Crímenes horrendos que claman justicia y venganza al cielo. Crímenes contra la misma ecología, con la destrucción de animales en la forma más cruel e inhumana, como lo que hacen en muchos laboratorios donde se experimenta con animales y para no oír sus gritos de dolor, les cortan las cuerdas vocales. Crímenes aplaudidos como los que se efectúan en las corridas de toros y en las peleas de gallos y perros. Disfrute del dolor de los animales en los toros coleados y en los rodeos tipo oeste de los Estados Unidos, donde los testículos de los pobres caballos y toros, son aprisionados con cinchas que causan el máximo dolor a fin de que el animal se desespere y trate en toda forma de quitarse el martirio, por lo cual comienza a dar patadas y brincos en su paroxismo de dolor.

El maestro Mikhaël Aïvanhov se preguntaba: "cómo pretendemos que haya paz y armonía en un mundo donde se está constantemente matando y torturando animales".

Los seres angelicales tienen que trabajar muy arduamente para contrarrestar esa clase de emanaciones tan morbosas que constantemente están afectando a la madre Tierra, un ser vivo.

Los momentos en que los Virtudes están enviando mayor cantidad de energía limpiadora y equilibradora a nuestro planeta, son cuando el sol está saliendo y ocultándose. Por tal motivo son los más adecuados para la meditación con la intención de sanarnos a nosotros mismos y sanar nuestro medio ambiente.

Al respecto tengo una anécdota que ya he comentado no recuerdo si en uno de mis libros anteriores a este, o en un artículo de prensa. Una vidente amiga mía, viajaba de Caracas a Miami, en un avión que salió cuando se iniciaba el atardecer. A mi amiga le correspondió una ventana del lado contrario a donde estaba el sol ocultándose. Ella se puso a mirar al mar y notó con asombro que el avión iba en la misma dirección de unas rayas paralelas color rosa que estaban sobre la superficie del agua. El vuelo continuaba y las rayas igual. Asombrada por lo que veía, le comentó a su esposo, quien se asomó y también se percató de este fenómeno. Ella entonces, en silencio hizo la pregunta: ¿Qué serán esas rayas rosadas? En su mente escuchó muy claro: somos los ángeles pertenecientes al coro de los Virtudes, encargados de depurar el planeta. Estamos limpiando el mar.

Con la explicación de los párrafos anteriores, habrás podido darte cuenta de la importancia de la labor de estos ángeles y la necesidad que tienen ellos de nuestra ayuda para salvar a nuestro globo terráqueo que está herido. Muchos de los desastres naturales son producto de su enfermedad. Es como cuando hay un forúnculo o una herida infectada: se hincha y produce calentura y pus.

Desde hace varios años estoy recibiendo mensajes de ángeles de distintas categorías: de paz, de luz, de la naturaleza, los cuales en medio de lágrimas, me han solicitado haga llegar su mensaje de orar mucho por el planeta, de enviar mucha luz y amor por doquier. Me han hablado de las catástrofes por venir, pero me han advertido que si muchos oramos y seguimos sus indicaciones de proyectar amor y luz, "la sentencia será cambiada". No es tarde, querido lector para salvar nuestro planeta y dejárselo en mejores condiciones a las generaciones futuras. Comencemos por sembrar amor y luz en el corazón de cada uno de nosotros para así, tener la cantidad suficiente como para proyectarla a otros y a muchos lugares.

En la naturaleza también trabajan otros seres angélicos además de los del ambiente o paisaje. Están los guardianes de especies colectivas como por ejemplo, el ángel de todos los árboles de mango, el de todos los árboles de acacia, etc. Igualmente, los de los perros, los gatos, etc., no particularmente, sino colectivamente. Esto es, el de todos los perros, el de todos los gatos. También se encuentran seres muy buenos que llamamos los Elementales de la Naturaleza, entre los cuales están los gnomos, hondinas, hadas, salamandras, etc. Mucha gente los ha visto y sobre ellos se han escrito muchos libros fantasiosos y recientemente se han hecho varias películas sobre el particular.

# 5

# ÁNGELES ECOLOGISTAS

No tenemos que ir muy lejos para encontrar en el texto sagrado más popular del mundo occidental: *La Biblia*, la mención de las diversas actividades ejercidas por los ángeles, las cuales son muy detalladas en el libro de las Revelaciones, más conocido como Apocalipsis. En él, Juan, narrando su visión de la isla de Patmos en Grecia, cuenta que vio ángeles que salían del sol, ángeles saliendo del fuego, del agua, ministrando en el altar, cosechando las mieses, etc. Igualmente hay ángeles gobernando las cuatro estaciones del año y los puntos cardinales para mantener la sincronía que debe reinar en la naturaleza.

## El Ángel de la primavera

Ángel gobernador y jefe de esta estación: SpugliGel. Ángeles asistentes: Amatiel, Caracasa, Core y Commissoros.

## El Ángel del verano

Ángel gobernador y jefe de esta estación: Tubiel. Ángeles asistentes: Gargatel, Gaviel y Tariel.

### El Ángel del otoño

Ángel gobernador y jefe de esta estación: Torquaret. Ángeles asistentes: Tarquam, Uabarel y Ardacel.

### El Ángel del invierno

Ángel gobernador y jefe de esta estación: Ataris. Ángeles asistentes: Moriel, Rujiel y Nez.

### El Ángel de la agricultura

Risnuch es el ángel que deberían invocar los agricultores cuando desean obtener mejores cosechas. Este ángel también está catalogado como genio. Es posible que su rango sea el de deva, por lo tanto se encuentra muy relacionado e involucrado con la vegetación y su desarrollo. En su calidad de genio, gobierna además, sobre la hora novena.

### El Ángel de las aves

Los ángeles protectores de las aves son: Arael y Anpiel. De las pequeñas aves en especial, Tubiel se encarga de ellas. Tubiel ha solicitado se destaque aquí su especial petición: que ayudemos a proteger las aves. Por lo tanto, no contribuyamos con quienes las están exterminando. Son pocas las aves que se reproducen en cautiverio. En esta forma se acaba esa especie. Las aves sufren cuando de sus nidos son robados los pichones. Las aves nacieron para volar. Por eso es un crimen tenerlas encerradas en una pequeña jaula.

### El Ángel del amanecer

Tanto los gnósticos, como en el *Diccionario de Mitología, Folklore y Símbolos*, de Ginzberg, su autor nos habla de los ángeles del amanecer. Estas son entidades pertenecientes al coro de los Virtudes. Su trabajo consiste en estar enviando constantemente energía divina al planeta Tierra, a fin de estabilizarlo, sanarlo, armonizarlo, mantenerlo funcionando perfectamente, tal como ha sido mencionado previamente en este trabajo. Esta labor es intensificada en cada lugar del planeta, en los momentos previos y posteriores a la salida del sol. Por lo tanto, las personas que se encuentren a esas horas despiertas y en actitud receptiva, efectivamente recibirán ese sinnúmero de energías positivas, regeneradoras y armonizadoras, provenientes de los ángeles que trabajan en el amanecer. Por eso es tan provechoso meditar u orar en la madrugada.

Oración para iniciar el día:

> Invoco a Los ángeles del amanecer para que en esta hora
> tan propicia, me concedan la gracia inefable
> de conectarme con mis maestros y guías espirituales,
> a fin de que pueda entender y comprender
> mejor mi misión y la enseñanza
> que me están impartiendo en este preciso momento.

## Los Ángeles de los animales acuáticos

El arcángel de las huestes encargadas de cuidar a los animales acuáticos, es Manakel.

Oración a Manakel:

> Amado príncipe Manakel:
> en este momento me uno a las miles de personas
> a quienes verdaderamente duele el medio
> ambiente de nuestra amada Tierra.
> Pido que mis energías sanadoras sean usadas
> para sanar las aguas del planeta.
> Que mientras duermo, mis cuerpos sutiles
> salgan a prestar servicio, convenciendo a tantos humanos,
> de que debemos cuidar nuestras aguas y no contaminarlas.
> No echar desechos en ellas, no atentar contra las criaturas
> que en ellas viven, como cuando en los cruceros juegan golf,
> tirando al mar miles de pelotas que luego van a ser tragadas
> por saludables peces que como consecuencia mueren asfixiados
> con ellas atragantadas en su garganta.

## *Los Ángeles de los animales mansos o domesticados*

Sobre estos animales gobiernan los siguientes ángeles: Behemiel y Hariel. Deberíamos ayudar a estos seres angelicales en el trabajo de proteger a nuestros hermanos menores, primero enseñando a nuestros niños a amar a los animales: a respetarlos. A sentir el dolor que éstos sienten, no solamente con el maltrato físico, sino con el psicológico. Tú no puedes consentir a un animal porque es pequeño, convertirlo en tu mimado, en tu compañero constante y de pronto, cuando te das cuenta que creció, botarlo como se hace con la basura. No, ese animal te ama, su mundo eres tú, así como su padre y su madre, su piso y su seguridad. Si tú lo desechas, su sufrimiento será igual al de un niño cuya madre lo ha abandonado. Su desesperación por encontrarte, su sentido de estar perdido, la inseguridad que eso le dará, serán iguales al sufrimiento de cualquier ser humano en esas circunstancias.

## *Los Ángeles de los animales salvajes*

Thuriel, Matniel, Jehiel Y Jayyal. Los puedes invocar ya sea si trabajas con animales salvajes para que ayuden a estos seres a adaptarse al nuevo medio ambiente, a crecer sanos y felices, así como en tu tarea de domesticarlos con amor y comprensión de sus propias necesidades físicas y emocionales.

## *El Ángel de los árboles*

Los ángeles mencionados en el libro *La Cábala Práctica* relacionados con los árboles, son los que gobiernan sobre las plantas frutales. Estos son: Sofiel, Alpiel, Serakel, Illaniel y Eirnilus. Para quienes vayan a pedir ayuda sobre árboles no frutales, pueden invocar a los ya mencionados aquí, Ángeles de la Agricultura, o también a los Ángeles del Paisaje, que están involucrados con toda la vegetación y su conservación. Los Ángeles de la Floresta o Bosque son gobernados por Zuphlas.

Estos ángeles necesitan urgentemente nuestra ayuda. Es preciso comprender la necesidad que tiene nuestro planeta, de tener muchos árboles, muchas selvas produciendo el oxígeno que mantiene la vida de todos los seres vivos en "La Niña Tierra", incluso las aguas y el aire sanos.

Los árboles mantienen el equilibrio ecológico en nuestro planeta. Ellos no solamente producen el oxígeno, sino que cambian radicalmente el clima donde se encuentran sembrados; atraen las lluvias, producen sombra, bajan la temperatura, disminuyen la erosión y la desertización de las tierras, además de la vida que se crea a su alrededor como, la de otras plantas, arroyos, aves y mamíferos.

No es necesario ir a la selva para proteger un árbol. Siembra uno en tu jardín, cuida los de la calle. Y sobre todo, envíales mucho amor y sentimientos de protección. Las plantas son los seres más telepáticos de la Tierra.

## El Ángel de los bosques

También llamados Ángeles del Paisaje por quienes vivieron la extraordinaria experiencia cultivando bajo su orientación las áridas tierras de Fidorm en Escocia.

Entre los años 1815 y 1824, una pequeña comunidad con su propia orientación filosófica-espiritual, procedente de Alemania, se residenció en las riveras del río Wabash. El dirigente de esta comunidad, padre Rapp, aseguró que él, había visto al arcángel Miguel en la floresta, manifestando que "este arcángel había tenido el buen gusto de dejar marcadas sus huellas a su paso". Las cuales hoy en día todavía pueden ser vistas impresas sobre una laja de piedra, en New Harmony, en el estado de Indiana, U.S.A.

### El Ángel de las constelaciones

Sus gobernantes son Kakabel, Kochbiel y Rahtiel. En tiempos remotos cuando los hombres se guiaban por las estrellas para contar el tiempo y fijar la posición de ciertos lugares , se vieron en la necesidad de dar nombres a los conjuntos estelares, ya que era misión imposible dárselo a cada una de las estrellas. A los grupos de astros, se les llamó constelaciones. Sobre estos grupos, gobiernan los ángeles mencionados.

### El Ángel del firmamento

Según Gustsav Davidson en su libro *Un diccionario de Ángeles*, su nombre es Hml.

### Los Ángeles de la luz del día

El ángel gobernador del paraíso, es también príncipe regente de la luz del día. Su nombre es Shanmshiel.

### Los Ángel de la humanidad

El arcángel encargado de proteger en compañía de sus huestes a la humanidad, o sea su conservación como quinta raza que ha poblado al planeta Tierra, es Metatrón.

### El Ángel de las montañas

Aunque en algunos libros es mencionado, pero su nombre no, a la autora le ha llegado su apelativo por otras fuentes muy confiables. Se llama Bahman. En la antigua cosmología persa, este ser era un gran *mihr* cuya traducción es: ángel. Su jefatura fue colocada sobre toda la naturaleza, incluyendo todos los animales con la excepción del hombre. Bahman usualmente es representado en piedra roja, con forma humana, portando sobre su cabeza una corona roja. Omar Khayyam habla de este ángel en su obra *Bahman el gran Cazador*. Otros escritores reconocen a Rampel, como el ángel gobernador de las montañas.

## El Ángel de la migración

Tanto para pedir protección y ayuda para las bandadas de aves y grupos de otros animales que veamos cumpliendo con sus hábitos migratorios, como para que nos ayuden o lo hagan con quienes emigran de su país de origen por una u otra circunstancia, debemos dirigir nuestras plegarias a Nadiel.

## El Ángel de la noche

Leliel, Metatron y Lailah. Leliel: Significa "Las mandíbulas de Dios". Uno de los amos de la noche, el "Ángel de la Noche" es uno de los más engañosos de todos. La esfera blanca y negra que aparenta ser su cuerpo real, es su sombra. El verdadero ángel es un círculo negro de 650 metros de diámetro y 3 metros de ancho; vive en Mar de Dirac, una especie de agujero negro que no tiene efecto gravitatorio. Al parecer, los objetos que desaparecen dentro, aparecen luego comprimidos en el interior de la esfera voladora.

## El Ángel de las nubes

La obra *Libro del Jubileo* menciona a los Ángeles de las Nubes. De acuerdo a este trabajo, fueron formados el primer día de la creación. Lo cual es lógico, porque todos los ángeles fueron emanados por Dios el mismo día, o sea el primero de la creación, ya que de ellos se valió Dios para realizar su labor creadora. Por eso los ángeles son co-creadores con Dios y nosotros los seres humanos somos co-creadores de nuestra realidad y entorno. El jefe de estos ángeles, es Eleinos, perteneciente al coro de los Poderes o Eones, según consta en antiguos libros de los gnósticos egipcios.

### El Ángel de la nieve

En el libro apócrifo llamado *Las revelaciones de Juan,* se destaca esta categoría de ángeles, aunque no son mencionados sus nombres. A través de otras fuentes han sido obtenidos los de las dos entidades angélicas que gobiernan sobre la nieve: Shalgiel y Miguel.

### El Ángel de las palomas

Es la única clase de aves, que tienen un ángel guardián. ¿Será acaso porque la paloma fue la que trajo a Noé la rama de olivo en señal de que ya había cesado el diluvio? El nombre de este ángel es Alphum. También figura esta inteligencia como uno de los gobernadores de la octava hora del día.

### El Ángel de las profundidades

Los libros sagrados no especifican qué clase de profundidades. Si las del mar o de la Tierra. Pero sí son mencionados los nombres angélicos que gobiernan sobre ellas: Tamiel y Rahab.

### Los Ángeles del planeta tierra

De acuerdo a los nuevos movimientos esotéricos, el ángel que gobierna sobre nuestro amado planeta, es Euralia. Según libros antiguos, son siete ángeles, cuyos nombres Azriel, Admael, Arkiel, Ariciah, Ariel, Harabael, Saragael, Phorlak, Ragüel y Samui. En realidad totalizan diez. En otra obra de tiempos pretéritos, dicen que son los cuatro ángeles regentes sobre los cuatro lados de la Tierra: Miguel, Gabriel, Uriel y Rafael. En las viejas tradiciones persas destacan el nombre del espíritu regente de la Tierra: Isphan Darmaz.

## Los Ángel de los vegetales

Los mismos ángeles gobernadores sobre las frutas, son los encargados de que el reino vegetal continúe alimentando seres humanos y animales. Estas entidades son: Sealiah y Sofiel.

# 6

## ÁNGELES GOBERNADORES DE LOS PLANETAS DE NUESTRA GALAXIA

En varias oportunidades he explicado en el presente trabajo que los ángeles en su calidad de co-creadores, han continuado prestando servicio, o gobernando en lo que ayudaron a crear. Su presencia está en todo el ámbito de la creación y por lo tanto, en todos los millones de astros que existen en el universo. Me he limitado a presentar aquí, a quienes dan de su energía para que el equilibrio, la sincronicidad continúe existiendo en cada uno de los planetas de nuestra galaxia, aunque presentarlos a todos, sería labor imposible, porque todavía los científicos que estudian los cielos, no han llegado al final de ella, aunque sabemos a ciencia cierta que son millones. El libro *The Secret Grimoire of Turiel* sirvió de inspiración para el siguiente cuadro que tuvo como fuente a varios autores anteriores a la mencionada obra.

En el Sol, gobiernan las siguientes entidades:

|  | Regente | Rafael |
|---|---|---|
|  | Tronos | Tarwan, Vianathraba y Corat |
|  | Arcángeles | Burchat, Suceratos y Capabile |
|  | Inteligencias | Haludiel, Machasiel y Chasiel |

En la Luna, gobiernan las siguientes entidades:

| | Regente | Gabriel |
|---|---|---|
| ☽ | Tronos | Lumazzi, Gabrael y Madios |
| | Arcángeles | Anael, Pabael y Ustael |
| | Inteligencias | Uriel, Naromiel y Abuori |

En Saturno, gobiernan las siguientes entidades:

| | Regente | Kafziel |
|---|---|---|
| ♄ | Tronos | Sammael, Bachiel y Astel |
| | Arcángeles | Sachiel, Zoniel y Hubaril |
| | Inteligencias | Mael, Orael y Valnum |

En Júpiter, gobiernan las siguientes entidades:

| | Regente | Zadkiel |
|---|---|---|
| ♃ | Tronos | Setchiel, Chedusitaniel y Corael |
| | Arcángeles | Turiel, Coniel y Babiel |
| | Inteligencias | Kadiel, Maltiel, Huphatriel y Estael |

En Venus, gobiernan las siguientes entidades:

| | Regente | Aniel |
|---|---|---|
| ♀ | Tronos | Thammael, Tenariel y Arragon |
| | Arcángeles | Colzras, Peniel y Eurabatres |
| | Inteligencias | Penat, Thiel, Rael y Teriapel |

En Mercurio, gobiernan las siguientes entidades:

| | Regente | Miguel |
|---|---|---|
| ☿ | Tronos | Mathlai, Tarmiel y Barabvorat |
| | Arcángeles | Tarniel, Ramel y Doremiel |
| | Inteligencias | Aiediat Mediat Sugmonos y Sallales |

En la Tierra, gobiernan las siguientes entidades:

| | Regente | Euralia |
|---|---|---|
| ♁ | Tronos | Azriel, Admael y Arkiel |
| | Arcángeles | Arciciah, Ariel y Harabael |
| | Inteligencias | Haldiel, Tebliel, Phorlakh y Samuil |

En Marte, gobiernan las siguientes entidades:

| | |
|---|---|
| Regente | Sammael |
| Tronos | Satael, Amabiel y Anael |
| Arcángeles | Rachiel, Seraphiel y Ramiel |
| Inteligencias | Phakiel, Rahadar y Raftmai'il |

En Urano, gobiernan las siguientes entidades:

| | |
|---|---|
| Regente | Hanniel |
| Tronos | Terathel, Lamechalal y Dabariel |
| Arcángeles | Amerthati, Bachliel y Dubiel |
| Inteligencias | Ezriel, Eshiniel y Schimuiel |

En Neptuno, gobiernan las siguientes entidades:

| | |
|---|---|
| Regente | Orifiel |
| Tronos | Schachniel, Kabchiel y Gradiel |
| Arcángeles | Vasariah, Takifiel y Vhnori |
| Entidades | Tandal, Veloas y Abasdaarhon |

Sobre los cometas gobiernan:

> Zikiel y Akhibiel

Sobre las constelaciones gobiernan:

> Kochbiel y Rahtiel

El ángel del firmamento es:

> Hml

El ángel de las Pléyades:

> Su nombre es acorde con su majestuosa presencia:
> Rapgafarel perteneciente a la poderosa escuadra de Jefes
> de los ejércitos Divinos, que pasa junto a Dios para rego-
> cijarse en el primer Sabbath.

# 7

## ÁNGELES GOBERNADORES DE LOS CUATRO PUNTOS CARDINALES

Al igual que en muchos tópicos relacionados con los ángeles, algunos autores difieren de otros. Madame Blavatsky en su libro *La Doctrina Secreta*, hace énfasis en lo descrito por el profeta Ezequiel quien llama a los puntos cardinales 'los lados de la Tierra'. La mayoría, por no decir todos los escritores de este tema, coinciden en que están gobernados de la siguiente manera:

*Norte*    Miguel es el regente

*Sur*    Gabriel es el regente y Rafael es el guardián

*Este*    Uriel es el regente

*Oeste*    Rafael es el regente

Ezequiel vio sobre el río Chebar, los cuatro querubines en forma de ruedas de fuego. Cada ser proveniente de uno de "los lados de la Tierra".

En la tradición hindú, los cuatro regentes de los puntos cardinales de la Tierra, son: Dhritar-ashtra, Virud-haka, Virpaksha y Vaishravana.

# 8

## ÁNGELES GOBERNADORES DE LOS EQUINOCCIOS

Equinoccio es el momento del año en que los días son iguales a las noches. Esto sucede en todo el planeta. El equinoccio terrestre ocurre dos veces al año. El 21 ó 22 de marzo y el 22 ó 23 de septiembre, épocas en que los dos polos terrestres se encuentran a igual distancia del sol, motivo por el cual la luz solar es proyectada en igual intensidad sobre ambos hemisferios.

El equinoccio efectuado en marzo llamado de Primavera, es gobernado por Ataris —conocido por algunos autores como Atarib—. Sus asistentes son: Uryan (Urjan), Praklit (Palit) y Ratiel.

El equinoccio que acontece en septiembre, el cual es llamado Equinoccio de Verano, es gobernado por el arcángel Chemos. Sus asistentes son: Peniel, Pahadel y Dunahel —a este último, algunos le llaman Alimiel o confunden con este nombre—.

# 9

## ÁNGELES GOBERNADORES
## DE LOS SOLSTICIOS

Los solsticios se suceden dos veces en el año solar de la Tierra. Esto acontece cuando el Sol, en su trayectoria aparente, se haya sobre uno de los dos
trópicos y da lugar a la máxima desigualdad entre el día y la noche. El solsticio de verano se produce entre el 21 y el 22 de junio y el de invierno ocurre entre el 21 y el 22 de diciembre.

El solsticio de verano es gobernado por Casmaran. Sus asistentes son:
Rad'adael, hekaloth y Bator.

El solsticio de invierno es gobernado por Attaris y sus asistentes son:
Amabael, Agromiel y Yalaha.

# 10

## ÁNGELES GOBERNADORES DE LOS CUATRO ELEMENTOS

Como es bien sabido, los cuatro elementos que existen en nuestro planeta, son: la tierra —suelo donde pisamos, no el nombre de nuestro planeta— el aire, el fuego y el agua. Estos elementos son energías de gran fuerza que tienen vida propia en los seres que los gobiernan y que nosotros podemos aprender a utilizar en nuestro propio beneficio, no en contra de nosotros. Sobre el particular, hago una amplia explicación en mi libro titulado *Éxito Sin Límites*, publicado por Llewellyn Español.

| | |
|---|---|
| *Tierra* | Ariel |
| *Aire* | Cherub |
| *Agua* | Tharsus |
| *Fuego* | Seraph, junto con Nathaniel |

### El Ángel del aire

Varios nombres angélicos son mencionados como gobernadores del elemento Aire. Ellos son: Chasán, cuyo nombre se encuentra escrito en el séptimo pentáculo del sol. (Pentáculo es una estrella que se usa como símbolo mágico. A veces tiene cinco, otras, seis puntas).

Querub, es no solamente uno de los ángeles que gobiernan el elemento aire, sino también, un jefe de la orden de los Querubines. Igualmente, comparten esta tarea Iahmel y Casmaron, sobre los cuales no se tiene más información.

## El Ángel del frío

Estos ángeles deben ser invocados para que nos libren de las inclemencias del tiempo frío. Son varios los libros antiguos sobre ángeles, que hacen mención de ellos, aunque no dan sus nombres.

## Los Ángeles del fuego

En los libros de ocultismo los ángeles que gobiernan sobre los elementales del fuego, son descritos como Gabriel y Nathanael. Nathanael también presta servicio en todo lo relacionado con papeles o papeleo —documentos—.

## El Ángel protector contra los huracanes

Zamiel y Zaafiel. Estos son los nombres de los ángeles que al ser invocados, te protegerán de la furia de los huracanes y ciclones.

## El Ángel que nos salva de las inundaciones

Af–bri, además de proteger a los israelitas que lo invocan, no solamente salva de las inundaciones producidas por la lluvia; también tiene el control sobre este elemento.

## El Ángel protector contra las tormentas

Si te llegaras a encontrar en medio de una tormenta, invoca a Aftemelucus. Como su nombre es muy difícil, es prudente aprendértelo de memoria, o mantenerlo anotado en un papel que tengas siempre a mano.

## El Ángel de la lluvia y de los ríos

En los libros antiguos de ritos gnósticos, cinco ángeles son mencionados como gobernadores de la lluvia: Matriel, Matarel, Matariel, Ridya y Zelebsel. En los libros de los pretéritos persas seguidores de Zoroastro, el ángel de la lluvia, era el mismo de los ríos y su nombre es: Dara. En los manuscritos sagrados persas, Dara es la inteligencia angelical de las lluvias y de los ríos.

## El Ángel del mar

El ángel del mar, de acuerdo a antiguas escrituras hebreas, entre las cuales se encuentra el Talmud, es Rahab. A esta entidad no le gusta que ningún humano se ahogue en el océano. Ha sido reprendido varias veces por evitar naufragios y ahogamientos que debían suceder porque así estaba establecido. Por lo tanto, es bueno que si te gustan los deportes marinos, te aprendas bien el nombre de este ángel quien con seguridad, no permitirá que fallezcas por inmersión, si invocas su protección en este sentido.

## El Ángel de los vientos

En el libro del Apocalipsis, (7:1) cuatro ángeles del viento son mencionados. En importantes, como antiquísimos libros de gran credibilidad, las siguientes entidades angélicas son nombradas como las regentes del viento: Moriel, Ruhiel, Turiel y Ben Nez. El famoso Durero hizo un grabado donde aparecen los cuatro ángeles del viento. Por otra parte, los querubines son las personificaciones del viento. En algunos cuadros del Renacimiento, han sido pintados con los cachetes inflados mientras echan viento por sus bocas.

# 11

## LOS ÁNGELES DEL NACIMIENTO

Estos son setenta ángeles que de acuerdo a la Cábala, deben invocarse como si fueran amuletos mágicos[1], ante los niños recién nacidos. Los nombres angélicos del cuadro siguiente que tienen asterisco al lado, deben decirse tres veces. Al recitar los citados nombres, estas entidades se considerarán los padrinos del bebé que ha sido puesto bajo su protección.

Sitúo a continuación los ángeles de la vida por estar muy ligados con los del nacimiento.

### Los Ángeles de la vida

Los ángeles de la vida, son los mismos ángeles del nacimiento, los que a su vez se ocupan de facilitarnos de manera muy amorosa y solícita, el tránsito o la transición entre esta vida material y la espiritual. Por eso se les llama también los Ángeles del Tránsito. Estos ángeles pertenecen a la orden de los Poderes. Sus príncipes gobernadores son Zephaniah, Sabriel y Tarshish. Estos seres son de singular belleza, se presentan vestidos de blanco.

---

1. Fuerza mágica o milagrosa. Deben pronunciarse creyendo en su gran poder. Todos los nombres deben recitarse ante el recién nacido. Se convierten en amuletos, si sus nombres se escriben sobre un papel y se cargan como si fueran tales.

1. Miguel
2. Gabriel
3. Rafael
4. Nuriel
5. Kidumie
6. Malkiel
7. Zadkiel
8. Padie
9. Zumie
10. Chafriel
11. Zuriel
12. Ramuel
13. Yofiel
14. Sturiel
15. Gazriel
16. Udriel
17. Lahariel
18. Chaskiel
19. Racmiah
20. Katzhiel
21. Schachniel
22. Karkiel
23. Ahiel
24. Chaniel
25. Lahal
26. Malchiel
27. Shebniel
28. Rachsiel
29. Rumiel
30. Kadmiel
31. Kadal
32. Chachmiel
33. Ramal
34. Katchiel
35. Aniel
36. Azriel
37. Chachmal
38. Macnia
39. Kaniel
40. Griel
41. Tzartak
42. Ofiel
43. Rachmiel
44. Senseya
45. Udrgazyia
46. Rassiel
47. Ramiel
48. Sniel
49. Tahariel
50. Yezriel
51. Neriah
52. Sanchiel
53. Ygal
54. Tsirya
55. Rigal
56. Tsuria
57. Psiya
58. Oriel
59. Samchia
60. Machnia
61. Keninit
62. Yeruel
63. Tatrusia
64. Chaniel
65. Zechriel
66. Variel
67. Diniel
68. Gediel
69. Briel
70. Ahaniel

# 12

## ÁNGELES GOBERNADORES
## EN LAS DISTINTAS PROFESIONES

En el libro *Las Diferentes Siete Preguntas,* cuyo título original es *De Diversis Questionibus Octogintas Tribus,* obra de San Agustín, uno de los doctores de la iglesia católica que más tiempo ha dedicado a los ángeles, entre las muchísimas verdades importantes que sobre el reino angelical escribió, expresa la siguiente: "Toda cosa visible en este mundo —se refiere al material, al nuestro, al que palpamos todos los días— está colocado bajo la responsabilidad de un ángel".

En el libro del Génesis, cuyo nombre tiene un significado muy importante y diciente: Revelación —también llamado el *Libro de las Revelaciones*—. Allí, el profeta Juan escribió: "No se da un paso en la Tierra, sin que dicho paso sea protegido por un ángel en el Cielo".

Tal como se mencionó al principio de esta obra, los ángeles se encuentran en todas las actividades que ellos han ayudado a crear, cuidando que éstas se mantengan en un nivel satisfactorio de energía. En cuanto a las profesiones humanas, no olvidemos que en el mundo etérico siempre es presente y todas las que existen y existirán en nuestra realidad material, han estado siempre en el Reino del espíritu, esperando el momento perfecto para materializarse ante nuestros ojos.

Es por lo tanto, una buena costumbre, solicitar la ayuda de quien tiene a su cargo nuestra profesión, a fin de que podamos cumplirla en orden divino y con mejor resultado en todo sentido tanto para nosotros mismos como para el resto de la humanidad. Me ha parecido lo más indicado, iniciar este capítulo con el ángel del progreso, porque eso es precisamente lo que deseamos todos los profesionales: progresar y ayudar a que la humanidad progrese no solamente en la tecnología y en una mejor condición de vida para todos, sino en lo más importante y que lamentablemente mucha gente olvida o simplemente desconoce: la evolución, o sea el progreso del espíritu tanto individual como colectivo.

## *El Ángel de los abogados*

Ahadiel es un ser angélico, cuya misión es hacer respetar la ley y fortalecerla. Por tal motivo, muy dispuesto a proteger y ayudar a quienes trabajan en ella o para ella. Vasiariah, quien gobierna sobre el día 24 de enero, igualmente es protector de los abogados, la justicia, los jueces, etc. El arcángel Miguel es muy venerado por abogados y jueces.

Oración para ser rezada por los abogados:

"Corte angélica":
Solicito vuestra protección,
orientación y ayuda en el día de hoy.
Yo deseo defender la justicia.
Por lo tanto pido la sabiduría para discernir
entre lo justo e injusto a fin de que mi trabajo
y mi esfuerzo sean siempre en beneficio del bien.

## Los Ángeles de la justicia

Cuando desees obtener justicia o juzgar en justicia y con justicia, invoca a Tzadkiel y a Azza. Por su parte, la Cábala dice que Asaliah, un ángel de la orden de los Virtudes, que trabaja bajo las directrices del arcángel Rafael, es quien tiene el dominio sobre la justicia.

## El Ángel de la ciencia y tecnología

Su patrón o gobernante, es el arcángel Rafael, quien también es el Ángel del Conocimiento. En el Antiguo Egipto, el Dios de la ciencia y de las bibliotecas, era Thot, quien se ha vinculado con Rafael arcángel porque se cree que son el mismo ser. De acuerdo a los antiguos especialistas en ángeles, quien gobierna el conocimiento, es Rafael. Esta es una similitud más con el dios Thot.

Los Ángeles gobernantes en las Alturas, orientadores de Pilotos aéreos y quienes practican deportes aéreos: paracaidismo, parapente, etc.

En algunos libros sagrados de gran antigüedad, las o los Altitudes, son una orden o jerarquía de arcángeles. Estos Altitudes gobiernan también sobre los cielos del planeta Tierra y todas las actividades que en ellos se llevan a efecto. Los principales jefes de este coro, son: Barachiel, Gabriel y Gediel. Los Altitudes a su vez, se subdividen en cuatro estratos o coros.

## Ángeles de la alquimia y mineralogía

Och, es el ángel que deben invocar quienes practican la alquimia, y mineralogía en todas sus ramas. Desde el buscador de las preciosas gemas y minerales, hasta el joyero, el comerciante de joyas, etc. Igualmente, si deseas tener o poder comprar o que te regalen una joya, pídele a Och que te ayude a obtenerla en buena ley. Quienes practican la alquimia, así como los químicos de todo género, pueden acogerse a Och, como su ángel patrón. Och gobierna también sobre el 22 de agosto. Búscalo en ese día y allí podrás obtener mayor información sobre este ser tan espléndido

## Ángel de los archivos y bibliotecas

La Cábala describe a Harahel, como el encargado de tutelar los archivos y las bibliotecas. Por lo tanto, quienes trabajan en actividades afines, deben tenerlo como patrono protector. Harahel, es uno de los setenta y dos nombres sagrados de Dios, descritos en el Shemhamphorae.

## Ángel de las artes

Ver: Geometría.

## Ángel de los astrólogos y afines

Amy es un ser angélico que ha ocupado varios escalafones en diferentes rangos. En el mundo espiritual es usual que los ángeles y maestros sean transferidos a distintas posiciones sin que estos cambios impliquen disminución de categoría. Amy ha prestado servicio en la orden de los ángeles guardianes o de compañía y también en la orden de los Tronos.

Actualmente Amy se desempeña como un gran conductor o director de una de las órdenes menos altas de la escala angelical, donde está realizando un trabajo extraordinario. Es el encargado de entregar el conocimiento sobre la astrología y las llamadas artes liberales. De acuerdo a lo señalado en *El Libro del Rey Salomón*, Amy, apenas termine su misión en la entrega de las enseñanzas astrológicas y las artes, pasará a ser uno de los príncipes del Séptimo Trono.

Por lo tanto, quienes deseen adquirir más conocimiento en estas disciplinas, solamente tienen que pedir la iluminación y la ayuda de Amy.

También es aconsejable que para tener un auténtico acierto en las artes adivinatorias, antes de leer el horóscopo o echar las cartas, se invoque el nombre, la iluminación y la canalización de Amy.

## Ángel de la bolsa y valores —comisionistas

Esto nos demuestra que los banqueros también tienen "su corazoncito". Ellos tienen un ángel para invocar, independiente de su propio guardián. El nombre de esta entidad angélica es: Anauel.

## Ángel de la canción y los cantantes

Según reputados autores sobre temas angélicos, las musas tienen un coro de cantantes, cuyo director y voz principal es Radueriel. En las tradiciones del Corán, el ángel de la canción es Israfel, aunque también mencionan como tal a Uriel. Por su parte los libros hebreos antiguos se refieren a Shemiel, cuyo nombre al ser traducido puede leerse como Shemael o Shammiel. Igualmente se le da este cargo a Metatron, a quien llaman "Maestro de la canción celestial".

## El Ángel de los carteros —envíos, encomiendas

De acuerdo a lo escrito por el profeta persa Zoroastro, el ángel que gobierna esta actividad, es Pedael. Por lo tanto, cuando desees enviar con seguridad una correspondencia, asesórate con Pedael. Igualmente cuando desees que alguien te escriba. Al respecto debo recordarte que en el mundo espiritual siempre es presente y que los ángeles fueron denominados gobernadores o regentes o simplemente, prestan servicio en una actividad, desde antes que ésta fuera hecha realidad en nuestro mundo físico. Con esto te quiero decir que los modernos sistemas de correo tales como los e-mail, fax, etc., existen en la mente divina desde hace eones de años y que en el momento perfecto, fueron dados a conocer a la mente de los hombres para que los hicieran realidad en nuestro mundo físico.

## El Ángel de los comerciantes

Ananuel es el ángel que protege el comercio y a quienes lo ejercen, banqueros y comisionistas de la bolsa. Ananuel ha enviado un mensaje para quienes trabajan en estas actividades: "No te causes daño teniendo dinero y no queriendo pagar. Eso te atraerá ruina. Cuando te duela pagar, piensa en mí y dame gracias porque tienes con qué pagar y no tienes que pedir".

## Los Ángeles de la fumigación

En el libro de *Los Ritos Salomónicos*, Amisor es el nombre del ángel encargado de la fumigación. Por lo tanto, recomendamos a toda persona que vaya a fumigar, ya sean quienes emplean aviones o avionetas para tal efecto, los agricultores que lo hacen por aspersión, las empresas que fumigan casas, apartamentos, locales comerciales y oficinas, así como sus operarios, que invoquen a Amisor a fin de que su trabajo quede bien hecho, con amor y sin riesgos para la salud humana y la ecología.

## El Ángel de la geometría y los geómetras

Según el libro de Gustav Davidson titulado *A Dictionary of Angels*, Grocel tiene varias versiones de su nombre, posiblemente debido a las diversas traducciones. Estas son: Crokel, Procel, Pucel y Pocel. En una época, Grocel, formaba parte de la orden de las Potestades o Poderes. Ahora se encuentra cumpliendo otras misiones. Una de ellas, es la de iluminar en la conciencia de los seres pensantes del universo, el conocimiento de la geometría y de las artes liberales. Por lo tanto, es el ángel de estas profesiones y de quienes las practican.

## El Ángel de las hierbas —homeópatas

Aunque en el libro *El Alfabeto del rabí Akika* no se menciona el nombre del ángel de las hierbas, si se aclara que es un magnífico ser grandioso, portentoso, uno de los grandes jerarcas angélicos, quien pasa ante Dios para enaltecer y regocijarse en el primer Sabath.

## El Ángel de los intelectuales —intelectualidad

Los caldeos, compatriotas del patriarca Abraham, creían que había tres ángeles cuyo nombre era el mismo: Cosmagogi, quienes estaban encargados de orientar la intelectualidad y a los intelectuales no solamente del planeta Tierra, sino del universo.

## El Ángel de los investigadores y científicos

El nombre de este ángel es: Achaiah, cuya traducción viene siendo algo como: "Solución al problema o del problema". Según la Cábala, es uno de los ocho serafines.

Es también el ángel de la paciencia, la que tanto necesitan los investigadores y científicos. También quienes son impacientes por naturaleza, pueden solicitarla a este ángel. Achaiah, es célebre porque ayuda a descubrir los secretos que guarda la madre naturaleza.

## El Ángel de los inventos e inventores

El ser angélico que debe ser invocado por los inventores o quienes deseen llegar a serlo, es Liwet.

## El Ángel de las matemáticas

El ángel que gobierna sobre esta actividad numérica, es Butator. Todos los que trabajan en esta profesión, pueden solicitar a esta entidad su apoyo, en especial cuando una cuenta no les sale. Igualmente los estudiantes para que les ayude a comprender el mundo de las matemáticas y de los números.

## El Ángel de la medicina

Aratron, es el ser angélico que enseña medicina. Por lo tanto, los estudiantes de esta carrera, pueden invocar su ayuda para llegar a ser excelentes galenos. Es tanto el poder de Aratron, que se dice que puede hasta hacer invisible a una persona. No solamente los médicos lo tienen como su patrón, sino también profesiones afines a la medicina, tales como enfermeros.

## El Ángel de los ministros de Dios —la iglesia

En el libro *La Magia Trascendental* de Levi, se menciona a Sachiel-Meleck, como el ángel que vela por quienes dedican su vida a ministrar ante El Creador, sin importar la religión por la que se acercan a Él. Igualmente, regenta sobre los sacrificios que se ofrecen a Dios.

## El Ángel de las profesiones navales —construcción naval, astilleros

Damabiah, no solamente es el ángel que gobierna sobre las actividades relacionadas con la construcción de naves acuáticas y los armadores, sino también uno de los setenta y dos privilegiados ángeles que llevan el nombre sagrado de Dios, que se encuentra escrito en la Shemhamphorae.

## El Ángel de los oráculos

Quienes hacen oráculos o van a consultarse con oráculos, deberían invocar la protección y ayuda de Phaldor.

## Los Ángeles del oro —plata y perfume

Exahel es uno de los ángeles encargados de enseñar a los hombres a trabajar el oro y la plata. Igualmente a preparar perfumes y lamentablemente, también a hacer maquinaria de guerra. Estos ángeles son mencionados en el *Libro de Enoch.*

## El Ángel de la pesca y pescadores

También los pescadores tienen un ángel el cual pueden invocar para que llene sus redes de buena pesca o para ser ayudados en cualquier problema que se presente mientras ejecutan faenas de pesca o pescan por deporte. Su nombre es Arariel. Este ángel, de acuerdo a los talmudistas, tiene dominio sobre las aguas. ¿Será el mismo ser que distintas culturas llaman el dios de las aguas, como por ejemplo Neptuno?

## El Ángel del progreso

En la Cábala, el ángel que gobierna sobre toda idea que signifique progreso, es Mercurio. Aquí, Mercurio es tomado como un ángel, no como un dios, tal como aparece en la mitología griega. De todas maneras, Mercurio como dios, es un ser de gran evolución y poder. Algunos autores judeo-cristianos se refieren al arcángel Rafael, como el director del progreso entre los hombres. Las personas que trabajan en las profesiones más nuevas pueden tomar a este arcángel como su protector, guía, regente o quien presta servicio ayudando a los que las ejercen.

## El Ángel de los publicistas

De acuerdo a la tradición persa, el ángel de los anuncios y las comunicaciones, es Sirushi, quien también tiene el rango de Ángel del Paraíso. A finales del año 2004, la iglesia católica nombró a Gabriel como patrono de los publicistas y de las comunicaciones por vía Internet.

## El Ángel de la tinta —impresores, imprentas, colores

Adrai es el ángel que enseñó a los hombres habitantes del planeta Tierra, a hacer la tinta que sirve para escribir, tanto en negro, como en colores. Igualmente les dio el entrenamiento para hacer los tintes con los cuales teñir telas y elaborar distinto tipo de pinturas.

# 13

## ÁNGELES GOBERNADORES
## EN LA SALUD

En este capítulo también tenemos una demostración palpable de que los ángeles no solamente se circunscriben a una actividad, sino que desempeñan varias al mismo tiempo o en su proceso de evolución, van pasando por diversas ocupaciones o tareas. Gabriel por ejemplo, no solamente es el arcángel de las Revelaciones, sino también un arcángel de sanación física. Y como él, numerosos ejemplos.

### Los Ángeles de la salud —sanación

Generalmente se invoca a Rafael, pero es preciso saber que otros ángeles también trabajan ayudando a reestablecer la salud en general en los seres humanos. Uno de ellos es Gabriel, así como Suriel, Assiel y Mumiah.

### El Ángel de la vitalidad sexual

Aba es el ángel encargado de ayudar a los humanos en su sexualidad. Como tal, es invocado en los ritos cabalísticos. Aba se encuentra en calidad de sacerdote ministrante bajo las órdenes del ángel Abalidoth, quien además de ser jefe de Aba, es el comandante de los ángeles del aire.

## El Ángel de la fertilidad

En el Talmud se cuenta que los ángeles que visitaron a Abraham en su tienda, eran Samandriel y Yushamin. Según este libro sagrado, cuando los ángeles disfrazados de viajantes les comunicaron que tendrían un hijo, el patriarca contaba en ese momento cien años y su esposa Sara, noventa. Sara quien estaba escuchando escondida detrás de la tienda, comenzó a reírse porque le pareció imposible. Ella fue castigada quedando muda. Abraham siguió las instrucciones de estos ángeles de la fertilidad y Sara a pesar de la avanzada edad de ambos cónyuges, quedó embarazada y dio a luz a Isaac.

## El Ángel de la concepción

Lailah. Aunque este nombre nos ha sido legado a través del libro *A Dictionary of Angels* de Gustav Davidson, no menciona el autor la fuente.

En las canalizaciones, los ángeles no nos dan los títulos de los libros donde aparecen los nombres que estamos averiguando y son muy parcos en las explicaciones que proporcionan sobre cada uno de los seres alados. Indicaron: "cuando se desee concebir, se puede hacer una oración a Lailah, a fin de que si está en orden divino, contribuya a hacer este milagro". Tanto el hombre como la mujer, deben tomar té —infusión— de geranio blanco. (Las flores) hasta que el milagro haya sido concedido. Además, en un altar, colocas un recipiente con estas flores y un velón —llama o vela grande— blanco encendido en honor de Lailah.

## El Ángel que previene el aborto

Ante el inminente peligro de aborto, te recomiendo buscar el libro *El Poder Milagroso de los Salmos*, escrito por esta amiga tuya y publicado por Llewellyn Español, donde indico no solamente los salmos que se deben rezar, sino también doy unos rituales cabalísticos. Kasdaye es el ángel que deben invocar las mujeres cuando se encuentren embarazadas y deseen llevar a buen término su gestación.

## El Ángel pre-natal

Los ángeles invocados en los ritos mosaicos de encantamiento relacionados con el parto, eran Sinui y Sinsuni. Incluso en el Libro de los Salmos, hay algunos que se usan desde tiempos inmemoriales, para lograr una sana preñez y un mejor parto. (Ver mi libro *El Poder Milagroso de los Salmos*). Estos dos seres angélicos eran invocados para ayudar a la mujer en la labor de traer un nuevo niño a este planeta. Algo muy importante de destacar, es que lo más pedido a estos ángeles, más que la salud y el bienestar de la madre y el niño, era la "gracia" de que el recién nacido saliera parecido al padre, a fin de que no se culpara a la madre de adulterio, lo cual le acarrearía la muerte a pedradas.

En el libro del Talmud, se recomienda para obtener un parto fácil y rápido, leer el salmo número 20, nueve veces. Si no se logra un resultado pronto, entonces, elevar la siguiente oración:

Yo te conjuro Armisael,
ángel gobernador sobre los órganos femeninos,
para que ayudes a esta mujer
y al niño que ansía cumplir sus destinos.

Armisael: Significa "La montaña del juicio de Dios". También "La prueba de Dios", el "Ángel de la Matriz", invocado durante el parto. Los videntes que han podido verlo, lo describen como un ángel con forma de anillo, el cual está integrado por dos bandas helicoidales girando sobre sí mismas muy similares a una cadena de ADN.

## El Ángel de la alimentación —comida

Tal como podrás leer más adelante, Manna, no solamente es el ángel de la alimentación, sino de la crianza, tanto de niños, como de animales. Si un granjero desea que sus animales crezcan bellos, sanos, gordos y vigorosos, debe colocarlos bajo la protección de Manna o de Isda. Igualmente es provechoso que cuando comamos, lo hagamos a la salud de estos dos ángeles, pidiéndoles su bendición para todos nuestros alimentos a fin de que lo que consumamos, sirva para mantener la armonía total dentro de nuestros diferentes cuerpos y provean del necesario alimento a toda criatura viviente.

Una buena costumbre, es colocar un puesto en la mesa para Manna o Isda, o para los dos, a fin de que sean nuestros invitados permanentes y bendigan nuestra mesa con su compañía.

## El Ángel protector en la crianza y formación del niño

Este ángel, es el mismo de la alimentación. Su nombre es Manna. Algunos lo conocen como Isda. Cuando el niño esté delicado y la madre tema por su salud, invoque a Manna, a fin de que la ilumine en cuanto a lo más adecuado que debe dar al niño, tanto en valor nutritivo, como en cantidad y frecuencia. Así mismo, que permita que el infante acepte ese alimento y su organismo lo aproveche al máximo.

## Los Ángeles de la armonía y balance —ayudan a levantar los estados de ánimo

Aquí también tenemos gobernando a Miguel. Junto con él, están Soked, Hozi, Dokiel y Zehanpuryu'h —se pronuncia *Zejampuriuj*—.

Las personas angustiadas y depresivas, pueden invocar a estos ángeles para que las ayuden a armonizar y equilibrar sus estados de ánimo.

Luego de darte unos golpecitos con la mano abierta y los dedos estirados tocando el hundimiento que tenemos en la garganta —debajo de donde los hombres tienen un saliente que llaman la manzana de Adán—, dices:

Yo soy armonía divina, yo soy paz divina,
yo soy balance divino.
—Y respiras profundamente—.
Los ángeles Dokiel, Soked, Hozi y Zehampuriij
cada vez que yo inhalo, me insuflan la armonía,
el balance y la paz profunda.
Cada vez que exhalo, boto la angustia y la opresión.

## Los Ángeles de la piel bella

El ángel descrito en los libros Sexto y Séptimo de Moisés como sanador de problemas en la piel, como forúnculos, acné, eczemas, etc., es Amarlaii. Mientras te aplicas la pomada que te haya enviado el dermatólogo, imploras a estos ángeles por tu sanación para que le den órdenes a las células del lugar a tratar, que vuelvan a su plan de inteligencia inicial y trabajen únicamente para proporcionarte una piel preciosa y juvenil. Igualmente que la causa de ese desorden desaparezca.

En el Talmud —folio 67, columna 1— está escrito: el ángel Amarlaii es el ser sobrenatural que se debe invocar cuando se tengan enfermedades cutáneas.

## El Ángel de la fortaleza

Su nombre es Zeruch y puede ser invocado para que nos proporcione la fortaleza en cualquiera de sus formas: fuerza interior, espiritual y física.

## El Ángel de la buena digestión

Dios le entregó escrito en un amuleto etíope, la fórmula mágica para curar los cólicos y demás dolencias del estómago, al ángel Adernahael. Tú puedes invocarlo cuando sientas estas molestias.

## El Ángel del buen dormir

A este ángel lo puedes invocar si deseas mantenerte despierto ya sea porque vas manejando de noche, o deseas pasar la noche estudiando, etc. Igualmente, si requieres lo contrario: que te ayude a conciliar el sueño. Este ángel es ni más ni menos que Miguel. El arcángel Miguel fue enviado por Dios para causar insomnio al rey Asuero, el caudillo que tuvo durante mucho tiempo sometido a Israel. La historia completa es descrita en el libro *Las Leyendas de los Judíos* cuando hace referencia al episodio de Esther.

## El Ángel que concede la longevidad

Este es el ángel más nombrado en las obras de ocultismo, por cuanto el ser humano más que de la longevidad, se ha preocupado por la juventud eterna. En el libro *La Qabbala Práctica*, son mencionados como dispensadores de la longevidad, Sehehiah, Mumiah y Rehael.

Eliael, es un ángel muy prestigioso con poderes sobre ritos mágicos y secretos, entre los cuales está el alcanzar la longevidad. Eliael es también uno de los ángeles que lleva el nombre santo de Dios escrito en el Shemhamphorae. Para invocar a este ángel, el orante debe recitar la parte del Salmo 36, que dice así:

"Oh Altísimo, hasta los cielos llega Tu misericordia;
Tu verdad hasta las nubes. Tu justicia como los montes de Dios.
Tus juicios abismos grandes. Oh Señor, al hombre y al animal conservas.
¡Cuan grande es Tu misericordia!
Por eso los hijos de los hombres se amparan bajo la sombra de Tus alas.
Embriagarse han del torrente de Tus delicias.
Porque contigo está el manantial de la vida. En Tu Luz, veremos la Luz.
Extiende Tu misericordia a los que Te conocen
y Tu justicia a los rectos de corazón. No me llene yo, de soberbia".

## El Ángel de la buena memoria

Quien desee tener una memoria fabulosa, debe invocar a Zachriel, Zadkiel y Mupiel. Para tal efecto eran solicitados en los conjuros esotéricos, rituales ocultos y en encantamientos de la época Mosaica.

# 14

## ÁNGELES GOBERNADORES EN LAS EMOCIONES HUMANAS

No debemos olvidar que somos un espíritu que momentáneamente está recubierto por un cuerpo que nos sirve de anclaje en este planeta, el más denso de nuestra galaxia. Por lo tanto, la parte sutil nuestra que es muy intrincada y que a la vez se dispersa en varias dimensiones —por eso decimos que somos multidimensionales— es muy delicada en su equilibrio. Es por esto que las emociones humanas están muy ligadas a la ayuda espiritual que nos puedan aportar seres de luz, en este caso ángeles. Nuestros cuerpos emocionales o sutiles tienen una gran interdependencia e influencia en la salud mental, emocional y física; por eso debemos mantenerlos en óptimas condiciones si deseamos una vida terrestre plena de armonía, felicidad, amor y prosperidad.

### Ángel que combate la adversidad

El ángel que ayuda a sobrellevar la adversidad es Mastema. Cuando tengas un contratiempo o adversidad, invoca a este ángel para que se lleve esa apariencia, bien lejos de tu realidad. Puedes escribir el nombre de este ángel, en letras mayúsculas bien grandes y lo muestras al espejo. Déjalo proyectado en el espejo de manera que se vea al revés, hasta que la adversidad haya desaparecido de tu vida. Entonces, quemas el papel y le deseas a Mastema, la paz profunda y eterna.

## El Ángel que disipa la tristeza —para sobrellevar el luto

Para que nos asista en la eliminación de la tristeza y en la mejor comprensión del hecho natural de la muerte de un ser querido, invocar a Paraklitos. Igualmente para que nos ayude a entender que la muerte de alguien, nunca es un castigo que nos impone Dios, sino simplemente un suceso natural, aunque esa persona haya recién nacido. Para esto, debemos analizar más las leyes del Karma y darnos cuenta que un niño que regresa a la Casa del Padre, se está evitando muchos sufrimientos en nuestra dimensión.

## Los Ángeles del albur —fortuna, envite, azar, juego

Una vez escuché a un gran amigo quien además es un erudito en angeología, diciéndome escandalizado que había oído por radio a alguien hablando de los ángeles que protegen a los borrachitos.

Me puse a investigar y podemos volver a lo expresado por San Agustín, anteriormente citado, en cuanto a que todo lo visible e invisible en este mundo está regido por un ángel y lo escrito en el *Libro de las Revelaciones* —*Apocalipsis*— de que todo paso que se da en nuestro planeta, está cuidado por un ángel del cielo. Por lo tanto, no podemos desestimar la ayuda angelical que puedan recibir quienes ya sea por costumbre o esporádicamente se les va la mano en la ingesta alcohólica.

Desde muy antiguo, Barakiel, Rubiel y Uriel, han sido conocidos como los protectores o los hados de la buena fortuna de quienes los invocan cuando van a jugar, apuestan, juegan lotería, en fin, utilizan o emplean lo que se llama juegos de envite y azar ya sea por costumbre o de vez en cuando. Es posible que de aquí parta la práctica de catalogar a Uriel como el arcángel de la prosperidad. También en esta actividad hay un ángel regente. Su nombre Aclahaye. Esta entidad angelical también gobierna sobre la cuarta hora.

## Los Ángeles del amor incondicional y la amistad

Theliel, Ramiel, Donquel y en especial Rafael. En la cábala, la diosa Venus, también figura como un ángel que gobierna sobre el amor. En *El Talmud* y otros libros muy antiguos, así como en escritos de los seguidores de Zoroastro, se encuentran los nombres de Liwet y Anael fungiendo adicionalmente a sus ocupaciones principales como regentes o gobernadores auxiliares en la pasión amorosa. Posteriormente Anael aparece como el ángel de la estrella del amor.

Por su parte Rafael, es el ángel cuyo papel principal desempeñado en el libro de Tobías, está muy relacionado con el amor. Rafael consigue que Sara se enamore de Tobías, que el padre de Sara consienta ese matrimonio. Que el demonio que estaba enamorado de Sara, se aleje de ella y no mate a Tobías por el hecho de haberse casado con ella. Por lo tanto, no solamente se puede invocar a Rafael para atraer o conseguir el amor o el ser objeto de nuestro amor —en orden Divino— sino también que nos ayude a conservarlo.

Opiel es el nombre del ángel que debe ser invocado por aquellos que han caído bajo el encanto o hechizo del amor. En antiguos libros escritos en arameo, hay textos completos de lo que se debe recitar para lograr encantamientos de amor bajo la tutela de Opiel. Donkel es el ángel con el título de Príncipe del Amor. Quien desee obtener el amor de otra persona, puede invocar a este ángel, con la seguridad de que le hará el milagro, si la petición está en orden Divino. En la antigua tradición persa, el ángel de la amistad es Migr. Él es también el ángel del amor y gobierna sobre el séptimo mes.

La siguiente es la oración de la amistad:

Amados amigos Principalidades:
Permitid que cada día esté yo, más despojado de mi ego,
a fin de que me vaya convirtiendo en una persona
más comprensiva, justa, amable y cariñosa.
Que cada día aumente el número de personas que amo.
Aumente el número de personas que realmente me interesan.
Aumente el número de personas cuya felicidad es mi felicidad.

## El Ángel del matrimonio

Yeliel es un arcángel de la orden o coro de los Principados. Su misión es más específica que la de sus hermanos. Él está encargado de cuidar y proteger las relaciones maritales. Este ángel también es conocido como gobernante de la Quinta Hora.

Para mantener la felicidad conyugal entre el hombre y la mujer, vas a hacer un amuleto tal como puedes apreciar en el dibujo adjunto. Saca una fotocopia para que se la entregues al joyero.

Date cuenta que es un corazón completo que se ha partido en dos partes análogas, pero con ranuras desiguales a fin de que calcen perfectamente una en la otra, como si fuera un rompecabezas. Cada mitad, debe tener en la parte de arriba, una argollita para colgarla de una cadena.

El nombre de Yeliel, tiene seis letras. Lo cual permite poner en una mitad tres letras del nombre, y en la otra, las tres restantes. Por lo tanto, en una parte, quedará así: Yel y en la otra, iel. Esto es, mirando el corazón de frente.

Ahora, en la parte de atrás, colocas en una mitad tu primer nombre y en la otra mitad, el de tu pareja o cónyuge. Así estará escrito en una parte, el nombre de él y en la otra, el de ella.

Cada quien se cuelga al cuello su mitad de corazón, con la absoluta fe de que Yeliel va a ayudarlos a mantener incólume y cada vez más fortalecido, el amor entre ustedes dos.

El hombre llevará el nombre de ella, y la mujer cargará en la mitad de corazón que le corresponde, el nombre de él.

Una vez recibidas del joyero las dos mitades del corazón marcadas, las unen sobre un lecho floral de jazmines y las cubren con ellos. Esto es, que la joya quede como un sándwich en medio de flores abajo y arriba. En nombre de Yeliel se juran amor eterno, sobre estos capullos y la alhaja en forma de corazón. Brindan con vino tinto por su amor y se prometen fidelidad y sobre todo, que cada día de sus vidas, de aquí en adelante, se van a recordar el uno al otro, el amor que se tienen y van a estar conscientes de la felicidad que les embarga por estar unidos. Esto es, que cada día van a alimentar y cuidar su amor. Es la única forma de ser felices.

## El Ángel de la reconciliación

Entre los ángeles de la amistad y el afecto, se encuentra el Principado Itqal, cuya misión es atender las solicitudes de quienes han tenido una disensión en una relación, ya sea de tipo amoroso, amistoso o de negocios. Itqal trabaja constantemente en la reconciliación entre los seres humanos.

## Ángel que combate la soledad

Cassiel es ángel de la soledad y también de las lágrimas. Cassiel tiene un bello mensaje para aquellos que están tristes y se sienten solos.

Aunque te sientas solo, nunca lo estás. Esa sensación es porque no quieres reconocer o sentir nuestra compañía. Dios, tu ángel de la guarda y yo, Cassiel siempre estamos contigo. En ese momento en que te sientes más triste, es cuando más cerca estamos de ti.

Llámame, invócame para que yo pueda darte mucho amor y mucho consuelo. Al saber que tú lo deseas, yo podré hacerte sentir mi cercanía, mi presencia y mi amor incondicional.

## Los Ángeles de la benevolencia

Zadkiel, Hasdiel y Achsah. En *El libro de los Conjuros Mágicos del Rey Salomón*, es mencionado Achsah, como el ángel de la benevolencia.

## El Ángel de los cambios irrevocables —decisiones difíciles

El nombre de este ángel, es Zeffar. Nuestro libre albedrío es el que nos pone en la disyuntiva de decidir ante situaciones que a veces nos parecen que van a dar el mismo resultado o posiblemente no sabemos entre los dos opuestos que avizoramos, cuál será el más conveniente para nosotros. Es en este momento cuando podemos solicitar orientación y sabiduría a Zeffar.

## Los Ángeles de la ley de compensación

Estos ángeles que gobiernan el Tribunal del Karma o Tribunal de Compensación, son siete y sus nombres están muy relacionados con la tarea que desempeñan: Kushiel o "La Severidad de Dios". Lahatiel o "El que flamea". Shoftiel, o "El juez de Dios". Makatiel o "El flagelo de Dios". Hutriel o "El bastón de mando de Dios". Puriel o "Fuego de Dios". Rogziel o "La Cólera de Dios".

## El Ángel de las cosas o causas perdidas

Cuando no encuentres algo porque se te ha extraviado, o cuando veas que una causa, acción o circunstancia se está perdiendo, implora la ayuda de Satarel y Gethel. Mientras buscas lo perdido o esperas por lo que otra persona consideraría perdido —pero tú no, porque mantienes la fe en Satarel y Gethel— mantén una vela dorada encendida en su honor y tu fe inquebrantable, apuntalada con la siguiente oración:

Regresen a mi vergel
lo que perdí sin pensar.
Lo quiero recuperar.
Ayúdenmelo a encontrar
porque enemigos de lo perdido
son Gethel y Satarael.

## El Ángel de la valentía —corage

Un ángel perteneciente a la orden de los Tronos, es Abalim, quien entre sus funciones, tiene la de quitar la cobardía, la inseguridad, el miedo, el temor. Los hebreos llaman Abalím a la orden de los Tronos. Éstos son arcángeles de gran jerarquía, mucha potencialidad y fortaleza.

### El Ángel de la compasión

Ramiel y Rafael son los ángeles de la compasión. Este ángel fue pintado simbolizando las Naciones Unidas por el pintor de nacionalidad suiza, Max Huzinker y donado a beneficio de la Unicef.

En Nepal ellos a este ángel, le llaman el dios de la compasión. Su nombre es Avalokiteshvara. Se dice de él, que renunció al estado de Nirvana, para servir y salvar a la humanidad.

### El Ángel que quita la depresión —*miedo infundado*

Miguel, es el ángel que debemos invocar en contra de todo lo que sea negativo. Visualiza una energía morada limpiando todo lo negativo como depresión, temor o miedo, emociones que se esconden en la zona del plexo solar. Sácalos de allí usando esta energía.

### El Ángel de la evolución espiritual —*santificación*

Según diversas fuentes, los ángeles encargados de ayudarnos en nuestro proceso evolutivo, además de nuestros propios guardianes o ángeles de compañía, son Metatrón, Phadiel y el mismo Miguel.

### El Ángel de la esperanza

Phanuel es el nombre del ángel que debemos invocar cuando queramos tener o recobrar la esperanza. El ángel de la esperanza es también conocido como el que nunca nos falla. Recordemos que la esperanza es lo último que se pierde.

### El Ángel de la fuerza de voluntad

El ángel de esta energía es Afriel. Un ser que se puede comparar con Rafael en cuanto a su elevada jerarquía y potencialidad. Las personas débiles de carácter deben invocar constantemente a cualquiera de estos dos ángeles a fin de que les dé fuerza y constancia en sus propósitos y objetivos.

### El Ángel del heroísmo —valentía

Este ángel tiene por nombre Narsinha y como título el de gran avatar, hombre-león y señor del heroísmo.

### Los Ángeles del consuelo —*nos secan las lágrimas*

Aunque de acuerdo a la tradición islámica, los ángeles de las lágrimas, no son mencionados por sus nombres, si es descrito el lugar donde residen: el Cuarto Cielo. La tradición hebrea cita a Sandalphon y Cassiel, como los seres angélicos gobernadores de esta expresión acuosa del dolor y también del gozo humano.

### Los Ángeles de la libertad

El famoso novelista Víctor Hugo menciona estos ángeles en una de sus obras literarias. El ángel de la libertad es Dagiel, quien debe ser invocado para mantener la libertad de una persona o de un país. Igualmente para fortalecer nuestra libertad de pensamiento, etc.

### El Ángel de la transición

La iglesia católica da este trabajo al arcángel Miguel, quien está encargado de ayudar a quienes lo invocan para obtener un tránsito armonioso y en paz. Igualmente esta iglesia llama a Miguel el "Pesador de las almas" y le da el mismo oficio que los antiguos egipcios daban a Anubis: el de pesar a las almas o a sus buenas o malas acciones, para así saber si son dignas de entrar en la gloria eterna.

Los mandeos, o nasoreos, religión que se extendió en la zona comprendida entre el Tigris y el Eufrates, entre sus escritos religiosos, dejaron mucha bibliografía sobre los ángeles. Ellos describen a Ashriel y a Monker, como los ángeles que ayudan a obtener una buena muerte. Posteriormente, los mahometanos mencionan al "Ángel Negro", como el responsable de proporcionar la muerte.

Para los mandeos, los ángeles encargados de la balanza a la hora de la Suprema Transición, son Abaitur y Muzania. Según la cosmogonía de esta religión, estos ángeles palabra que en mandeo —idioma muy parecido al arameo— se dice 'utra', presiden también la Estrella del Norte, la que nosotros llamamos Estrella Polar.

## El Ángel que protege contra la muerte súbita

Existen ciertos cultos cabalísticos estrechamente conectados con los rituales salomónicos. En uno de ellos, se menciona que si sobre una medalla de oro, se graba el nombre de Araritha —se pronuncia Araritza—, la persona que suele invocar esta gracia a Araritha y lleva permanentemente consigo esta medalla, será librada de este tipo de muerte.

## El Ángel de la música

Israfel. Este también gobierna sobre el 16 de octubre. Edgar Alan Poe, dice que del Corán, tomó el nombre de este ángel. En realidad, el Corán no nombra a Israfel, pero si es destacado en el *Haddith*, libro atribuido al profeta Mahoma. Igualmente, Israfel es señalado en el *Discurso Preliminar*, una larga introducción que escribió George Sale a una traducción muy popular y muy reputada que hizo del Corán. Por otra parte, destacados estudiosos de todas las fuentes de donde provienen los nombres angélicos, han hallado el de Israfel en antiguos libros árabes, donde se le cita como el Ángel de la Música. Similar rango le es dado por el escritor irlandés Thomas Moore y el poeta francés Béranger en sus escritos sobre ángeles y sobre éste, en particular.

## El Ángel de la obediencia

El nombre de este ángel es un poco difícil de pronunciar: Sraosha, pero su invocación, nos puede ayudar mucho a fin de que aprendamos a escuchar, así como a obtener un poco más de humildad que nos permita ser más obedientes a las leyes civiles, humanas y divinas, lo que nos llevará a un mejor entendimiento de los unos con los otros y por lo tanto, a obtener una mejor convivencia. Igualmente, cuando se tienen hijos pequeños o adolescentes, el ángel Sraosha, puede a solicitud nuestra, ayudarnos a eliminar el carácter díscolo y desobediente en ellos.

## El Ángel de la paciencia

Este arcángel pertenece a la orden de los Serafines. Su nombre es Achaiah. Su hobby es estudiar, investigar y descubrir los secretos de la naturaleza para lo cual se toma todo el tiempo que quiere, porque tiene mucha paciencia y ninguna prisa.

## El Ángel de la paz

En el libro de Isaías, 33:7 se menciona a los ángeles —mensajeros— de paz, llorando amargamente al ver la guerra y la destrucción. En la tradición gnóstica, el príncipe de la paz es Melchisedec. En la tradición de las iglesias cristianas, el príncipe de la paz es Jesús de Nazareth.

En nuestras canalizaciones se han presentado ángeles quienes se han identificado como el "Ángel de la Paz". Este ser, con lágrimas en los ojos, nos ha solicitado que oremos mucho y hagamos cadenas de oración pidiendo por la paz y la salud del planeta Tierra.

## El Ángel del perdón

Cuando sientas que en tu corazón es muy difícil perdonar o perdonarte, pide asistencia a Poteh, él te ayudará a sentir el bálsamo sanador del perdón.

## El Ángel de la poesía

Son varios los ángeles encargados de traer las musas a la mente de los poetas. Algunos de ellos son: Radueriel, Israfel y Vretil.

# 15

# ÁNGELES GOBERNADORES
# EN LAS LEYES ESPIRITUALES

### El Ángel del aprendizaje

Además de Menthoria, quien debería ser invocado por los estudiantes para que les ayude a entender y comprender lo que están estudiando, hay un importantísimo príncipe angélico que reside en el Primer Cielo. Posee un nombre sagrado de Dios y preside el Instituto de Aprendizaje. Su nombre es: Ashrulyu. Es también uno de los "Sarim" que menciona la Torah. Sarim quiere decir príncipe.

### El Ángel de las buenas noticias

En canalizaciones donde se ha hecho presente, el arcángel Gabriel, ha reiterado que ha sido él, quien ha hecho las revelaciones más importantes a la humanidad. Pero cabe destacar aquí, para conocimiento de los lectores, que a pesar de ser una entidad tan poderosa, Gabriel sigue "al pie de la letra" las directrices que le llegan desde un punto de poder más elevado. En una canalización, se presentó porque según sus propias palabras, estaba de ángel guardián de la persona que se encontraba canalizando. Al ser preguntado sobre la identidad verdadera de ese ser de luz que en este momento se encuentra prestando servicio en este planeta —la persona de la cual es guardián actualmente— contestó: "Me está prohibido revelarlo".

## El Ángel del derecho —la justicia, lo correcto

Aquellos ángeles en ser los primeros en saber el plan concerniente al naci-miento de Cristo, que algunos autores llaman ángeles Natividad, fueron des-critos por los gnósticos, como los Ángeles del Derecho, de la Justicia, de los Correcto. (Ver mi libro *Los Ángeles de la Navidad*).

## El Ángel del destino

Manú es el ángel que podemos invocar para que nuestro destino nos sea re-velado. Esta revelación puede ser a través de sueños, pensamientos, medita-ción profunda, u otra manera que ellos estimen adecuada para hacer llegar este mensaje. El ángel del futuro es Teiaiel también conocido como Isiaiel. En la mitología asirio-babilónica, el dios del futuro era Adad.

## El Ángel de la intercesión

Algunos libros hebreos mencionan ángeles que constantemente están inter-cediendo por el pueblo de Israel. En la obra *He Visto la Luz* escrito por Betty J. Eadie, ella dice que mientras estuvo muerta clínicamente, vio ángeles en-cargados de llevar las plegarias de los orantes a Dios, e igualmente vio la co-rrespondiente respuesta. Destacó que las plegarias más rápidamente atendi-das, son las de las madres pidiendo por sus hijos, por cuanto son peticiones exentas de todo egoísmo. Estos ángeles no han sido mencionados por su nombre. Esto nos da a entender que podemos pedir a cualquier ángel que interceda por nosotros ante el Omnipotente. El Creador, La Gran Energía, como le llaman a Dios, los maestros ascendidos.

## El Ángel del libre albedrío

Los seres humanos poseemos un derecho, que no es común a todos los seres inteligentes de la creación Divina: el libre albedrío. Los ángeles no lo poseen, ni tampoco seres humanos cuyo proceso evolutivo está mucho más adelantado que el nuestro. Cuando no tengamos libre albedrío, será porque seremos dueños de la sabiduría. El ángel regente del libre albedrío, es Tabris, a quien podemos invocar cuando nos encontremos indecisos en cuanto al rumbo que debemos tomar.

## Los Ángeles de la ley

Los hebreos se refieren a estos ángeles, como los protectores de la Ley de Dios, o sea, de la Toráh. En el libro del Pentateuco, el ángel defensor de la ley —y de quienes se encuentran dentro de la ley o esperando que la ley haga justicia en su caso—, es Dina. Le secundan Yefefiah, Iofiel y Zagzagael.

## Los Ángeles de la luz

En la tradición hebrea, han sido designados ángeles de la luz, Isaac y Gabriel. En la religión parsi, se mencionan los nombres de Mihr, Meher y Mthra. En antiguos libros escritos en idioma árabe, se encuentra como ángel de la luz, a Parvagirgar. En la "Qabbalá, el sol junto con los planetas de nuestra galaxia, son guardados por ángeles de la luz. En una reciente canalización la cual dirigí, se presentó un ángel que se identificó como el Ángel de la Luz. Demostró mucho dolor por nuestro planeta, expresó que hemos sido incapaces de vivir en paz, en armonía y en amor. Dijo que esta manera egoísta de vivir, está acabando con la Tierra. Que si queremos salvarla, debemos trabajar mucho el amor, la comprensión, dejar todos los defectos motivados por la envidia y el egoísmo. Indicó que si no hacemos algo por comprendernos mejor los unos a los otros, el planeta se verá muy afectado. Agregó: ustedes no han visto nada todavía: "lloverá fuego sobre la tierra".

## El Ángel que enseña la magia

Este ángel también ha sido mencionado en este libro, en los renglones correspondientes a alquimia, mineralogía y medicina. Su poder es muy grande y los que están estudiando estas ramas del saber o trabajan en ellas, pueden invocar a Aratron, quien está dispuesto a dar sus enseñanzas a quienes se las solicitan. Este es el mismo ángel de la medicina: Arathron enseña magia, alquimia y medicina.

## El Ángel que devela los misterios

Son varios los ángeles encargados de cuidar los misterios y revelarlos únicamente a aquellos que se hacen dignos de recibir dicho conocimiento. Estos ángeles son: Raziel, Gabriel y Zizuph. El príncipe comandante de los mencionados seres angélicos, es Gabriel, llamado el ángel de las buenas noticias y de las revelaciones.

## El Ángel de la oración

Hay varias fuentes donde se encuentran los nombres de los ángeles encargados de llevar las oraciones de los humanos ante la Presencia Divina. Sumando una y otra información al respecto, los nombres de estos seres angélicos son: Miguel, Akatriel, Gabriel, Metatron, Rafael, Sandalphon y Sizouse.

## Los Ángeles de la presencia

También llamados del Trono. Igualmente se les dice Ángeles de la Santificación o Ángeles de la Gloria. Son los encargados de estar al lado de Dios, glorificándole eternamente. En el libro de Tobías, el arcángel Rafael se identificó como uno de ellos. En los escritos santos, aparecen también Metatrón, Miguel, Uriel y otros, como miembros de esta orden sublime.

## El Ángel que da la protección personal

Por todas las personas estudiosas del mundo angélico, es bien sabido que el arcángel Miguel es un gran protector contra los ataques de las fuerzas del mal.

## El Ángel que nos defiende de los tiranos

Ananehel —se pronuncia Ananejel— y quiere decir "Gracia de Dios", es el nombre del ángel enviado por Dios a Judith la heroína hebrea, para darle apoyo y asistencia cuando ella fue hasta la tienda de Holofernes, el tirano que tenía sometidas a las dos naciones judías, a la mayor crueldad y avasallamiento que se hubiera podido imaginar en una mente humana.

Desde entonces, Ananehel es el ángel encargado de ayudarnos, previa solicitud de sus servicios, contra la tiranía de déspotas de todo tipo.

## El Ángel de la Torah

Son varios los ángeles que han dado y continúan dando iluminación a los cabalistas y a los estudiosos de la Torah. Entre ellos destacan: Yofiel, Yefefiáh, Zagzageal y Metatron.

## El Ángel de los viajes astrales

Cuando desees hacer viajes astrales, antes de iniciar la meditación que te va a llevar a esa dimensión, solicita protección y ayuda a Amfarul. Este ángel, en el libro de los *Ritos Mágicos del Rey Salomón,* es denominado "el rey de las entidades que vuelan". Amfarul preside sobre los viajes astrales, aunque también puede ser invocado para los viajes normales —los que realizamos en nuestra dimensión—.

## El Ángel de la verdad

Para los musulmanes, el ángel de la verdad es Gabriel. En la tradición judeocristiana, Amitiel, Gabriel y Miguel, son los regentes sobre la verdad.

Amitiel debe invocarse como si fuera un amuleto. Esto es, sobre un pergamino escribir su nombre. Los ángeles de la verdad son: Miguel, Gabriel y Amitiel.

El siguiente es un consejo para hacer brillar la verdad:

> Cuando te encuentres en una situación donde necesitas
> que la verdad salga a la luz, invoca en forma de amuleto
> a estos tres ángeles. En un pergamino que portarás contigo,
> escribes los tres nombres angélicos y luego la verdad
> que deseas sea triunfante. Lo doblas bien y lo colocas bajo
> una vela verde manzana, hasta que este hecho sea una realidad.

## El Ángel de la victoria

En los antiguos libros de los persas escritos en idioma parsi, el ángel de la victoria es Bahram. Las más antiguas religiones de Irán e Irak, asociaban al ángel de la victoria con la condición del alma humana.

## El Ángel de Jehová

Igualmente llamado el ángel del Señor: "El Elohim". En los primeros libros de la Biblia, es un vocablo usado para denominar a Dios. No solamente emplean Elohim, sino también Eleloha. Algunos autores han entendido la locución "Ángel de Jehová", al igual que Elohim, como una categoría muy superior de ángeles, cuando en realidad, ésta ha sido una forma de denominar a Dios, prestándose a confusiones lingüísticas y por lo tanto a mal interpretación y traducción. Entre los arcángeles de mayor jerarquía que han sido confundidos como pertenecientes a estas órdenes, están: Miguel, Metatrón, Malavhi, Gabriel, Akatriel, etc.

## El Ángel de la anunciación

Aunque en el relato hecho por el evangelista Mateo en el Nuevo Testamento, el nombre del ángel que se presentó a una jovencita de quince años para decirle que se encontraba esperando un hijo del Espíritu de Dios, no es mencionado, todos los credos derivados de la creencia en las doctrinas de Cristo, destacan el nombre de Gabriel como el personaje encargado de dar esta fausta noticia, y similares. Este hecho del anuncio a María sobre su próxima maternidad, ha sido destacado por innumerables pinturas y demás expresiones artísticas, que nos han relacionado casi familiarmente con este ser y sus circunstancias.

En los antiguos libros sagrados de los persas, la entidad angelical encargada de dar las buenas noticias a la humanidad, es Sirushi, quien además es un ángel del Paraíso.

## El Ángel del buen consuelo

Cuando te encuentres afligido o herido en tus sentimientos, acude a este ángel quien con mucho amor, te dará consuelo. Su nombre es: Harhaziel o Harhazial. Este ángel también es uno de los guardianes de las puertas de los palacios del Tercer Cielo.

## El Ángel que nos defiende de los enemigos

En el libro *Leyendas de los Judíos*, Abagtha, es uno de los siete ángeles denominados de la confusión. Los otros seis son: Harbonah, Bigtha, Carcas, Biztha, Mehuman y Zether. Estos ángeles también ayudan a quienes fabrican vino.

## El Ángel de la resurrección

En el Nuevo Testamento se menciona que un ángel movió la pesada piedra que tapaba la tumba donde se hallaba el cuerpo de Jesús de Nazareth —Mateo 28—. Este ángel también es designado como el ángel del Señor. Algunos autores creen que este ser fue Gabriel. A propósito de Gabriel, este arcángel ha tenido que cumplir misiones muy diferentes, a únicamente informar sobre acontecimientos extraordinarios por venir.

## El Ángel de la sabiduría

No solamente Daath es el ángel de la sabiduría, sino del conocimiento. En la Cábala, Daath combina el conocimiento de las runas y la sabiduría del segundo y tercer Sefiroth.

## Los Ángeles del señor

La denominación El ángel del Señor o el Ángel de Jehová, citada frecuentemente en los primeros libros del Antiguo Testamento, muchas veces ha sido entendida o confundida con la presencia de Dios. Uno de los ángeles de esta categoría, es Miguel. Esto no es de extrañar, ya que Miguel es el ángel que ostenta el mayor rango y poder. Es el príncipe jefe de todos los demás.

## Los Ángeles del silencio

En las fuentes consultadas, se encontraron dos nombres angélicos gobernando sobre el silencio: Shateiel y Dumah. El silencio de por sí, es un estado que nos ayuda a encontrarnos con nuestra verdadera esencia y llegar hasta nuestros mundos internos. Quien desee hacerlo con mayor facilidad, no tiene más que invocar a los ángeles mencionados en este párrafo.

## El Ángel de los sueños

Los libros ocultistas dicen que el ángel de los sueños es Gabriel. Sin embargo, los gnósticos sostienen que si deseas recordar un sueño, o que en un sueño te sea revelado algo, debes solicitarlo a la Doncella de los Sueños. De acuerdo a la Cábala, Gabriel ayuda a obtener lo que aspiramos. Por eso se le llama también el ángel de las aspiraciones.

## El Ángel del tiempo —forma de medirlo

Este ángel es mencionado en el Tarot. A propósito del Tarot, es bueno recordar que estas cartas fueron entregadas por Toth, el dios egipcio gobernante sobre la sabiduría, las bibliotecas —donde está encerrada toda la sabiduría—, la medicina, etc. Su nombre en antiguo idioma egipcio, quiere decir las cartas o la sabiduría de Toth.

El ángel del tiempo, cuyo nombre es Irishidel, permanece estacionario entre el cielo y la Tierra. Sus vestimentas son blancas como la nieve. Es un ángel grandísimo. Sus alas son inmensas llamaradas y sobre su cabeza tiene un halo de oro. Uno de sus pies está sobre el mar y el otro sobre la tierra. Cada día el sol sale por detrás de Irishidel, va subiendo por su espalda, hasta que se muestra completo. En su frente lleva destacado el signo de la eternidad y la vida, o sea, el círculo hermético y sagrado.

# 16

## ÁNGELES GOBERNADORES
## EN LAS NACIONES

### *Los Ángeles protectores de las naciones*

Los ángeles tutelares de las naciones, son setenta. Algunos de ellos son mencionados en este libro, por ejemplo Micah, además de otras actividades que ejerce, es el guardián de Venezuela. Hay algunos ángeles que tutelan a dos o más naciones al mismo tiempo. Los ángeles que guardan a las naciones, corresponden a una categoría denominada Etnarcas.

### *El Ángel de Egipto*

En realidad son varios estos ángeles: Mastema, Rahab, Dumah, Uzza y Sammael. Cuando los israelitas dejaron Egipto, fueron guiados y protegidos por estos ángeles, quienes volaban sobre ellos indicándoles el camino o cuando debían acampar, ya fuera de día o de noche.

### *El Ángel de Israel*

El ángel de la nación israelita es Miguel. Igualmente pueden invocar a Javan, según es mencionado en la obra *El Testamento de los Doce Patriarcas*.

## El Ángel de Persia

Dubbiel es identificado como el ángel defensor y protector de Persia, hoy Irán.

## El Ángel de Roma

En realidad, el ángel que más destaca en la "Ciudad Eterna", es Miguel arcángel con su imponente estatua blandiendo su espada milagrosa en la parte más alta del Castillo de Saint Angelo, o sea, del Santo Ángel. Miguel quien como él mismo lo ha manifestado, es muy poderoso, nunca ha desechado las peticiones de los ciudadanos romanos. En el siglo XVI, salvó a dicha ciudad de la peste.

# 17

## ÁNGELES GOBERNADORES SOBRE LOS DOCE SIGNOS ZODIACALES

La primera civilización que dejó constancia de los efectos causados por los astros en sus perennes movimientos por el firmamento, sobre las distintas circunstancias de los seres humanos, fue la egipcia. Una muestra prodigiosa en belleza ornamental y conocimiento astrológico, es el zodiaco hallado en Dandara, actualmente en el museo de Louvre en París.

Sin embargo, no fue ésta, la única civilización antigua que obtuvo estos conocimientos. En la mayoría de los pueblos pretéritos, se estudiaban los astros para saber qué le deparaba el destino a alguien. Los conocimientos de los caldeos en esta materia, han llegado hasta nuestros días, confundidos con civilizaciones anteriores, de su tiempo y posteriores. Y como en todo sistema, toda organización que se rige por leyes inmutables, un ángel guardián se encuentra al frente, gobernando con celosa sabiduría a fin de que nada se salga de sus cauces y todo continúe en perfección y armonía, porque la desarmonía es la causante del caos.

## GOBERNADORES DE LOS SIGNOS ZODIACALES
## EN EL SISTEMA DE LOS CALDEOS

| Signo | Distintivo | Época | Ángel |
|---|---|---|---|
| Aries | El Carnero | 22 de marzo al 21 de abril | Amnu |
| Tauro | El Toro | 22 de abril al 21 de mayo | Bel |
| Géminis | Los Gemelos | 22 de mayo al 21 de junio | Nuah |
| Cáncer | El Cangrejo | 22 de junio al 21 de julio | Belit |
| Leo | El León | 22 de julio al 2l de agosto | Sim |
| Virgo | La Virgen | 22 de agosto al 21 de septiembre | Samas |
| Libra | La Balanza | 22 de septiembre al 21 de octubre | Bin |
| Escorpión | El Escorpión | 22 de octubre al 21 de noviembre | Adar |
| Sagitario | El Centauro | 22 de noviembre al 21 de diciembre | Marduk |
| Capricornio | La Cabra | 22 de diciembre al 21 de enero | Nergal |
| Acuario | El Aguador | 22 de enero al 21 de febrero | Ishtar |
| Piscis | Los Peces | 22 de febrero al 21 de marzo | Nebo |

# NACIDOS ENTRE EL 21 DE MARZO Y EL 20 DE ABRIL

♈ **ARIES** ♈

| | |
|---|---|
| Ángel Regente | Machidiel |
| Planeta regente | Marte |
| Planeta corregente | Júpiter |
| Planeta regente en la profesión | Saturno |
| Planeta regente en el amor | Venus |
| Elemento | Fuego |
| Polaridad | Positiva |
| Regencia anatómica | Cabeza |
| Gema | Malaquita |
| Color | Verde |
| Metal | Hierro |
| Esencia | Ciprés |
| Planta | Árbol de acacia |
| Símbolo | El Carnero |
| Signo | ♈ |
| Animal | Toro |
| Signo compatible | Leo y Sagitario |

## Características

El nativo de Aries es una persona decidida, de pensamiento y acción rápida, es pionero, enérgico y mandón. Es la persona idónea para ser líder, para ser ejecutivo, para trabajos de dirección y responsabilidad.

Por otro lado, debe tratar de dominar sus instintos primitivos. Tiende a ser egoísta, agresivo, peleón, impulsivo e irreflexivo.

## Mensaje de Machidiel

Recibe mi saludo cargado de mucho amor para ti. Naciste para ser líder. Para orientar a la humanidad hacia cosas bellas y grandiosas. No te quedes en el camino. Tienes nuestra ayuda y protección para cumplir con el Plan Divino. No olvides que tú eres un eslabón muy importante en esta cadena de acción voluntaria.

Búscame en la meditación diaria para así darte todas las herramientas necesarias para el cumplimiento de tu gran misión, y la fortaleza imprescindible para que tu arrogancia sea convertida en humildad. Recuerda que de los humildes y mansos de corazón, es el Reino de los Cielos. ¡Cada vez que me llames, allí estaré a tu lado, junto con tus ángeles guardianes!

## Consejo de Machidiel para sanar el egoísmo

Dubbiel es identificado como el ángel defensor y protector de Persia, hoy Irán. Consigue esas plantas que venden en macetas, cuya flor se parece mucho a las margaritas dobles o crisantemos sencillos. Búscala de color amarillo y con el mayor deseo y mucha fe, rodéate de estas plantas. Recuerda: contra egoísmo, generosidad y amor hacia los demás.

# NACIDOS ENTRE EL 21 DE ABRIL Y EL 20 DE MAYO

## ☿ TAURO ☿

| | |
|---|---|
| Ángel Regente | Asmodel |
| Planeta regente | Venus |
| Planeta corregente | Saturno |
| Planeta regente en la profesión | Urano |
| Planeta regente en el amor | Plutón |
| Elemento | Tierra |
| Polaridad | Negativa |
| Regencia anatómica | El cuello |
| Gema | Turquesa |
| Color | Azul turquesa |
| Metal | Cobre |
| Esencia | Mandarina |
| Planta | Tamarindo[1], en América |
| Símbolo | El toro |
| Signo | ☿ |
| Animal | La vaca |
| Signo compatible | Capricornio |

## Características

El nativo de Tauro necesita expresar el amor y sin embargo, es fiel. Fiel en el amor y en la amistad. Tiene mente concreta. Cree en lo tangible. Es organizado y con mucha capacidad de trabajo, llegando hasta la obstinación. Su mente concreta y su obsesión por sus quehaceres, lo hacen tedioso y rutinario.

Sus polaridades negativas son: imperturbable. Esto puede ser positivo o negativo, dependiendo en qué ocasión y circunstancia reacciona. Puede llegar a ser lento en la búsqueda de la perfección, es materialista, terco, tiene la tendencia a la tacañería.

---

1. En otras latitudes, el tamaray, es un arbusto que crece en las orillas de los ríos.

## Mensaje de Asmodel

Amado hijo: mi corazón se llena de gozo al poder comunicarme contigo. ¡He deseado tanto este momento! Búscame en el fondo de tu corazón, que allí estoy esperando tu visita. Invócame: tengo un gran regalo para ti. Quiero obsequiarte calma, paz interior, paz profunda. Aquella que solamente podrás encontrar en lo más hondo de tu ser. Armonízate contigo mismo y con la armonía del universo. Verás que tu vida dará un cambio grandioso en tu propio beneficio. De esta manera, algunos sentimientos innobles de brutalidad, terquedad y agresividad, irán desapareciendo a la vez que tu vida se irá enriqueciendo en todo sentido, en especial en la relación con las personas más allegadas a ti.

## Consejo de Asmodel para sanar tus reacciones

Relájate. Relájate, relájate. Practica mucho la relajación, de manera tal que puedas lograrlo casi instantáneamente. Cuando estés relajado, repite mientras lo sientes: Yo soy paz, yo soy paz, yo soy paz. Yo soy armonía, yo soy armonía, yo soy armonía. Todos mis órganos están en paz, todos mis sistemas están en paz y armonía, todas mis células están en paz y armonía, todos mis cuerpos están en paz y armonía. Yo estoy en armonía con la armonía de Dios. Yo estoy en paz con la paz de Dios, yo soy dueño de la armonía y la paz profunda.

# NACIDOS ENTRE EL 21 DE MAYO Y EL 20 DE JUNIO

## ♊ GÉMINIS ♊

| | |
|---|---|
| Ángel regente | Ambriel |
| Planeta regente | Mercurio |
| Planeta corregente | La Luna |
| Planeta regente en la profesión | Neptuno |
| Planeta regente en el amor | Júpiter |
| Elemento | Aire |
| Polaridad | Positiva |
| Regencia anatómica | Mercurio, en especial sobre brazos y pulmones |
| Gema | Piedra de imán |
| Color | Gris claro |
| Metal | Mercurio o azogue |
| Esencia | Eucalipto |
| Planta | Granada |
| Símbolo | Los dos mellizos |
| Signo | ♊ |
| Animal | Ibis |
| Signo compatible | Libra |

## Características

Los geminianos son personas muy hogareñas, aunque a veces se les pasa la mano. Sin embargo, convivir con ellos es muy agradable. Tienen mucha habilidad para solucionar todos los problemas domésticos de reparaciones. Tienen don de palabra y locuacidad lo que los hace muy sociables también.

## Mensaje de Ambriel

Aprovecha los dones que tienes de elocuencia; eres una persona de gran ánimo, comunicativo, ingenioso, amigable. Si encausas sabiamente estas cualidades, puedes llegar a tener muchos amigos y ser una persona querida por los círculos que frecuentas. Pero debes tener mucho cuidado porque tienes la tendencia a hablar demasiado. Quien demasiado habla, demasiado yerra. Tu verborrea, puede conducirte a comunicar más de la cuenta. Recuerda que eres dueño de lo que no has dicho. Igualmente tiendes a ser muy disperso e indisciplinado. Eso te lleva a decir mentiras. Los geminianos, dan la impresión de tener doble personalidad, ya que cambian muy frecuentemente de opinión. Esto es grave, porque si tú no tienes palabra, no reflejas seriedad y por lo tanto, perderás en la estima de quienes te conocen. Trabaja mucho en tratar de orientarte a un puerto seguro y fijo para que tu mente no divague tanto

## Consejo de Ambriel para sanar tus emociones

Al despertar cada mañana, acostúmbrate a saludar al Creador y a su creación. Da gracias por el don de la vida, en especial tu vida saludable y armoniosa. Bendice tus cualidades y defectos. Prométete que por el día de hoy, no habrá ningún motivo que te induzca a hablar más de la cuenta. No vas a hablar, si no tienes algo verdaderamente interesante para decir. Y no te vas a referir a ninguna persona, sino tienes algo positivo que comentar sobre ella. Es posible que al principio te cueste mucho trabajo y tengas que morderte la lengua. Pero en poco tiempo, irás acostumbrándote y así será. No dudes en solicitar mi soporte. Invócame y te daré fuerzas. Quiero ayudarte a pulir esa bella personalidad que tienes y a destacar esas cualidades que Dios te ha dado. Permíteme ayudarte. Si tú no me autorizas, no puedo hacerlo.

# NACIDOS ENTRE EL 21 DE MAYO Y EL 20 DE JUNIO

 CÁNCER

| | |
|---|---|
| Ángel regente | Muriel |
| Planeta regente | La Luna |
| Planeta corregente | Saturno |
| Planeta regente en la profesión | Marte |
| Planeta regente en el amor | El Sol |
| Elemento | Agua |
| Polaridad | Negativa |
| Regencia anatómica | El estómago |
| Gema | Turmalina |
| Color | Azul. |
| Metal | Plata |
| Esencia | Flor de loto |
| Planta | Sauce |
| Símbolo | El Cangrejo |
| Signo | ♋ |
| Animal | Búho |
| Signo compatible | Acuario y Piscis |

## Características

Eres familiar, hogareño, sediento de cariño. Si quieres recibir, da primero y así verás que de acuerdo a la Ley de Compensación, recibirás.

Eres romántico, constante, previsor. No dejas el mañana al azar.

## Mensaje de Muriel

Saludo en las tres puntas del triángulo: eres un ser sensible. Sensible en tus sentimientos y ante la belleza en todas sus formas. Igualmente eres introvertido porque desconfías de exponer tus sentimientos. Crees que al tenerlos descubiertos, eres vulnerable. Por eso, te envuelves en una capa protectora. Al resbalarte todo lo procedente de los demás, no puedes ser herido y estás protegiendo tu vulnerabilidad; pero eso también te hace ver como si el resto del mundo no te interesara. Tienes buena memoria.

## Consejo de Muriel

No repitas tanto. Eso es porque eres muy tenaz. Pero a la gente no le gusta que le digan la misma cosa veinte veces y continúes con lo mismo. Trata de vencer la pereza. La Biblia tiene muchos consejos donde alerta sobre lo negativo de la molicie. Uno de ellos dice: "Por la pereza, se cae la techumbre de la casa".

# NACIDOS ENTRE EL 21 DE JULIO Y EL 20 DE AGOSTO

## ♌ LEO ♌

| | |
|---|---|
| Ángel regente | Verchiel |
| Planeta regente | Sol |
| Planeta corregente | Saturno |
| Planeta regente en la profesión | Venus |
| Planeta regente en el amor | Urano |
| Elemento | Fuego |
| Polaridad | Positiva |
| Regencia Anatómica | El corazón |
| Gema | Topacio |
| Color | Amarillo |
| Metal | Oro |
| Esencia | Madera de sándalo |
| Planta | Árbol de olivo |
| Símbolo | El León |
| Signo | ♌ |
| Animal | Halcón |
| Signo compatible | Sagitario |

## Características

Como signo de Fuego que eres, necesitas destacar por tu propia particularidad e imponer tu voluntad; sueles desarrollar una fuerte personalidad, frecuentemente vinculada a un sentimiento de poder y nobleza. De ahí que necesites la admiración de los demás, sentirte el centro de atención. También debes trabajar contra el egoísmo que a veces te domina.

## Mensaje de Verchiel

Eres poseedor de una gran capacidad de organización, auto-confianza, tranquilidad, voluntad, generosidad y liderazgo. Como tienes un portentoso talento para dirigir, queriendo hacer lo mejor por los demás, arrastras los problemas de quienes te rodean.

## Consejo de Verchiel

Si te muestras orgulloso, es debido al sentimiento de grandeza que te acompaña y porque te tomas muy en serio a ti mismo y a tus creaciones. De hecho, eres uno de los signos que peor soportan la derrota personal por lo que te sugiero que uses tu espíritu que es mucho más tolerante y juguetón de lo que se suele creer. Para ello, pon en práctica la cordialidad y generosidad que son algunos de tus rasgos más positivos.

# NACIDOS ENTRE EL 21 DE AGOSTO Y EL 20 DE SEPTIEMBRE

## ♍ VIRGO ♍

| | |
|---|---|
| Ángel regente | Hamaliel (pronunciado Jamaliel) |
| Planeta regente | Mercurio |
| Planeta corregente | Júpiter |
| Planeta regente en la profesión | El Sol |
| Planeta regente en el amor | Neptuno |
| Elemento | Tierra |
| Polaridad | Negativa |
| Regencia Anatómica | Los intestinos |
| Gema | Ambar (aunque no es una piedra, se usa en joyería) |
| Color | Marrón |
| Metal | Bronce |
| Esencia | Patchoulí |
| Planta | Encina |
| Símbolo | La virgen |
| Signo | ♍ |
| Animal | Ganso |
| Signo compatible | Aries |

## Características

Los nacidos bajo el signo de Virgo, son personas perfeccionistas, detallistas, amantes de la pulcritud, la limpieza, el aire, y de que el sol entre a raudales en sus habitats. Muy críticos, incluso consigo mismos. Sus ansias de perfección pueden convertirse en una carga muy pesada de soportar por las personas de su entorno.

## Mensaje de Hamaliel

Mi corazón permanece contigo. Naciste para poseer la perfección y la sabiduría, pero debes recordar que el peor enemigo de lo bueno, es lo mejor. No permitas que tu tendencia a auto criticarte, desestabilice tu vida. Aprende a perdonar y a perdonarte. A conciliarte con las debilidades de los demás y las tuyas propias. Los ángeles de la Prosperidad, la Abundancia y el Suministro desean darte sus dones. Con tu capacidad analítica, estudia las oportunidades que se te presentan y ábrete a recibir todo lo bueno que te ofrece el universo.

## Consejo de Hamaliel

Trata de mantener muchas plantas de violeta florecidas. Ellas te ayudarán a recordar que la humildad es una virtud que debes tratar de practicar. La humildad como la violeta, es muy bella. Su belleza de líneas sencillas y definidas, atrae a todos. Su colores amatista en distintas tonalidades, así como los rosados en variados matices que llegan hasta el blanco, emanan energías sanadoras que equilibran a las discordantes.

Para que tus intestinos funcionen mejor, acostumbra bendecir todo lo que ingieras: así sea solamente agua. A propósito del agua, toma mucha para que te ayude a limpiarte por dentro, no solamente de los desechos tóxicos del cuerpo físico, sino también de los que hay en los cuerpos sutiles. Come alimentos ricos en fibra. Muchas frutas frescas.

# NACIDOS ENTRE EL 21 DE SEPTIEMBRE Y EL 20 DE OCTUBRE

♎ # LIBRA ♎

| | |
|---|---|
| Ángel regente | Arcángel Uriel |
| Planeta regente | Venus |
| Planeta corregente | Marte |
| Planeta regente en la profesión | Mercurio |
| Planeta regente en el amor | Saturno |
| Elemento | Aire |
| Polaridad | Positiva |
| Regencia anatómica | Los riñones |
| Gema | Coral |
| Color | Tonalidades de azules y verdes |
| Metal | Cobre |
| Esencia | Almendra |
| Planta | La violeta |
| Símbolo | La balanza |
| Signo | ♎ |
| Animal | Mariposa |
| Signo compatible | Acuario y Tauro |

## Características

Los nacidos bajo el signo de Libra, son muy expresivos; tienen la cualidad de relacionarse muy bien con las demás personas. Saben manifestar la belleza en todas sus formas porque encuentran la belleza en todo lo que ven. Pueden ser indecisos, despistados, volubles, pero muy risueños y simpáticos.

## Mensaje del Arcángel Uriel

Si has solicitado orientación a tus guías y seres de Luz, confía en el mensaje que te llega a través de tus pensamientos. Muchas veces nuestra contestación es dada como un pensamiento y quien lo recibe, no lo percibe así y continúa esperando la respuesta, mientras la ha desechado.

Toda oración, toda petición hecha a Dios o llevada a Dios a través de nosotros Sus Ángeles, Sus servidores y Sus mensajeros, siempre tiene respuesta. Muchas veces ustedes no quieren oírla porque no está adecuada a lo que desean escuchar.

## Consejo de Uriel

Te voy a dar un pensamiento muy sabio tomado del libro Sefer Yetzirah, o Libro de la Formación: "Diez son los números surgidos de la nada, y no, el número nueve, ni el once. Comprended esta gran sabiduría, entended este conocimiento, investigadlo, reflexionadlo, haced que se vuelva evidente y conducid al Creador de vuelta a Su trono". Piensa en el número diez como tu número de suerte.

## NACIDOS ENTRE EL 21 DE OCTUBRE Y EL 20 DE NOVIEMBRE

# ♏ ESCORPIÓN ♏

| | |
|---|---|
| Ángel regente | Barbiel |
| Planeta regente | Plutón |
| Planeta corregente | Marte |
| Planeta regente en la profesión | El sol |
| Planeta regente en el amor | Venus |
| Elemento | Agua |
| Polaridad | Negativa |
| Regencia anatómica | Genitales |
| Gema | Malaquita o topacio |
| Color | Rojo fucsia |
| Metal | Hierro |
| Esencia | Sándalo |
| Planta | El cerezo |
| Símbolo | El escorpión |
| Signo | ♏ |
| Animal | Escorpión |
| Signo compatible | Géminis |

## Características

Eres una persona apasionada, determinada, magnética, enigmática, perspicaz, con gran poder de concentración. Esto te permite ampliar tus horizontes. A la mayoría de las personas de Escorpio, les dejaron la puerta que se cierra cuando se unen los huesos del cráneo en los bebes, (fontanela) abierta. Esta puerta etérica abierta o medio abierta a otras dimensiones, te permite una comunicación ya sea consciente o inconsciente con esos lugares. Es de aclarar, que aunque la fontanela física se haya cerrado, la etérica puede quedar abierta. Es por esto que los escorpianos son muy psíquicos. Los nativos de Escorpio son muy celosos y egoístas. Quieren manejar la vida de todos sus allegados, pero no aceptan ningún tipo de consejo. Son desconfiados, extremistas y misteriosos.

## Mensaje de Barbiel

Tú puedes llegar a ser una persona muy atractiva, si aprovechas las facetas positivas de tu carácter. Siendo enigmático, atraes la curiosidad de la gente. Siendo psíquico, todos quieren preguntarte y tú por tu parte, puedes sacar de esto un gran partido. Pero reflexiona: trata a los demás como quieres ser tratado por ellos. Piensa que los demás tienen los mismos derechos, los mismos sentimientos que tú. Inclusive los animales y las plantas. Por lo tanto, concédeles ese derecho que tú con tanta vehemencia reclamas para ti.

## Consejo de Barbiel

Para ser la persona más atrayente de este mundo, repite constantemente y con mucha fe:

Yo soy uno con Dios.

Yo soy un ser de Luz.

Yo soy un ser de amor.

Yo soy un ser de comprensión y caridad.

Yo soy un ser divino.

## NACIDOS ENTRE EL 21 DE NOVIEMBRE Y EL 20 DE DICIEMBRE

 # SAGITARIO

| | |
|---|---|
| Ángel regente | Advaquiel |
| Planeta regente | Júpiter |
| Planeta corregente | Saturno |
| Planeta regente en la profesión | Mercurio |
| Planeta regente en el amor | Mercurio |
| Elemento | Fuego |
| Polaridad | Positiva |
| Regencia anatómica | Los muslos y las caderas |
| Gema | Turquesa |
| Color | Azul en gamas diversas |
| Metal | Estaño |
| Esencia | Mirra y/o clavel |
| Planta | Jazmín |
| Símbolo | El arquero o el centauro disparando un arco |
| Signo | ♐ |
| Animal | El caballo |
| Signo compatible | Cáncer y Géminis |

## Características

Eres un ser generoso, sincero, con criterio amplio y gran poder de clarividencia. Eres alegre, simpático, generoso, optimista, un poco aventurero. Podrías ejercitarte y pedir tu desarrollo a través de la meditación. Sientes la necesidad de expandirte mentalmente. Por lo general los nativos de Sagitario saben atraer la riqueza, o la riqueza se siente atraída por ellos.

Aunque autoritario y descuidado, a veces se te va la mano y te conviertes en un déspota. Tiendes a ser exagerado e imprudente por tal motivo a veces tus bromas son muy pesadas.

## Mensajes de Advaquiel

Necesitas frenarte un poco. No puedes dejarte arrastrar por la pasión del juego, por el frenesí de la parranda y la fiesta. La vida también tiene responsabilidades que no deben pesarte; por el contrario, hacerte la existencia más feliz. Estas son, compartir con tus seres queridos, saber que cada día eres una persona más valiosa y útil para tu familia y tu sociedad.

## Consejo de Advaquiel

Siente que puedes atraer hacia ti, la riqueza, el amor y la prosperidad, y así será. Posees la fuerza mental y magnética para cautivarlos. Tú por naturaleza no llevas la carga de la limitación. Por tal motivo eres generoso porque conoces esa ley que llena el lugar de donde se ha sacado. Te regalo la siguiente oración que debes repetir constantemente:

Yo soy uno con la generosidad del universo.
Yo soy uno con la riqueza de mi Padre Dios.
Yo doy abundantemente,
por eso recibo abundantemente

## NACIDOS ENTRE EL 21 DE DICIEMBRE Y EL 20 DE ENERO

# ♑ CAPRICORNIO ♑

| | |
|---|---|
| Ángel regente | Hanael |
| Planeta regente | Saturno |
| Planeta corregente | Marte |
| Planeta regente en la profesión | Venus |
| Planeta regente en el amor | La Luna |
| Elemento | Fuego |
| Polaridad | Negativa |
| Regencia anatómica | Las rodillas |
| Gema | Ónice negro |
| Color | Azul índigo |
| Metal | Plomo |
| Esencia | Magnolia |
| Planta | Pino |
| Símbolo | El macho cabrío |
| Signo | ♑ |
| Animal | La cabra |
| Signo compatible | Libra |

## Características

Conservador, discreto, perseverante, prudente, disciplinado, eficiente, estable. Los capricornianos son personas que unos detestan y otros aman debido a su fuerte carácter y afán de dominio. Un nativo de este signo puede desarrollar como su principal virtud el arribo a las cimas del prestigio y la prosperidad, porque alcanzarlas, es algo inherente a su naturaleza. Como jefes pueden llegar a ser muy difíciles porque siempre están exigiendo más a los demás. Son muy críticos y perfeccionistas. Son fatalistas.

## Mensaje de Hanael

Amado: debes estar dispuesto al cambio. La naturaleza es tu mejor maestro en este aspecto. Las especies animales y vegetales que no supieron adaptarse a las circunstancias que se les presentaron, murieron. Igualmente es válido este adagio oriental que dice: "es mejor ser como el junco que se dobla ante el paso de la tempestad para después volver a erguirse airoso, que el roble que por no doblarse, se quiebra". Posiblemente la virtud que más te hace falta es la humildad. Tienes muy buen corazón y muy buenos sentimientos, pero tu soberbia echa a perder todo y luego te quejas de las respuestas que te ha dado la vida.

Las personas humildes y pacíficas son las que poseen el dominio de la vida porque su interior es un remanso de armonía, paz, tranquilidad . . . Eso es la felicidad.

## Consejo de Hanael

Repite constantemente a fin de que la humildad se adueñe de tus sentimientos y permita que la paz profunda more en ti:

Yo soy uno con Dios.

Yo soy un ser de Luz.

Yo soy uno con Dios en la humildad.

Yo soy un ser de humildad.

Te he dado esta oración, porque tú tienes la habilidad de conocer y reconocer la verdad. No olvides que entre más pronto comprendas lo que estás aprendiendo de una situación, más rápidamente saldrás triunfantemente de ella.

## NACIDOS ENTRE EL 21 DE ENERO Y EL 20 DE FEBRERO

≈ **ACUARIO** ≈

| | |
|---|---|
| Ángel regente | Arcángel Jofiel |
| Planeta regente | Urano |
| Planeta corregente | Saturno |
| Planeta regente en la profesión | Júpiter |
| Planeta regente en el amor | El Sol |
| Elemento | Aire |
| Polaridad | Positiva |
| Regencia anatómica | Pantorrillas |
| Gema | Ópalo |
| Color | Gama de azules |
| Metal | Plomo |
| Esencia | Gardenia |
| Planta | Azalea |
| Símbolo | El aguador |
| Signo | ≈ |
| Animal | El ser humano |
| Signo compatible | Cáncer |

## Características

Son amistosos sin alardes. Tienen mucha claridad de pensamiento. Posiblemente el signo que tiene las cualidades intelectuales más desarrolladas. Son de pensamiento claro, ordenado y científico. Si en sus relaciones falta el factor intelectual, se aburren o se sienten insatisfechos. El acuariano es altruista, fraternal, humanitario, original, inventivo, genial, inteligente, desapegado.

Sin embargo es inconstante, imprevisible, rebelde, utópico, excéntrico, inconvencional.

## Mensaje de Jofiel

Para poder evolucionar, debes superarte. No hay evolución sin el deseo de superación. Lo contrario es involución. Envía mensajes de amor a tu pasado. En esa forma lo curarás y curando el pasado, tienes un presente y un futuro sanos.

Es importante tener memorias muy claras y limpias. Visualiza y date cuenta de las hermosas cualidades que tu alma puso de manifiesto en el pasado, cuando tuvo que enfrentar cualquier dificultad. Las virtudes que tienes actualmente, fueron desarrolladas precisamente en esos momentos difíciles y aún de dolor del pasado. Por lo tanto, no fueron en vano. Por el contrario, fueron escalones hacia tu crecimiento personal. ¡Has evolucionado!

## Consejo de Jofiel

Los acuarianos tienen problemas circulatorios y debilidad en las muñecas y los tobillos. Para mantener una sangre limpia y purificada, utiliza lo más que puedas, perejil en tus comidas. Para fortalecer tus huesos, haz ejercicios a la luz del sol y pisando sobre el suelo. Mientras haces ejercicios físicos, ejercita tu espíritu también, repitiendo la siguiente oración:

La fortaleza de Dios,
a través de los rayos energéticos del hermano sol,
fortalece mis huesos, mis tobillos y muñecas
en especial, y mis cuerpos en general.

## NACIDOS ENTRE EL 21 DE FEBRERO Y EL 20 DE MARZO

# ♓ PISCIS ♓

| | |
|---|---|
| Ángel regente | Arcángel Barkiel |
| Planeta regente | Marte |
| Planeta corregente | El Sol |
| Planeta regente en la profesión | Saturno |
| Planeta regente en el amor | Mercurio |
| Elemento | Agua |
| Polaridad | Negativa |
| Regencia anatómica | Los pies |
| Gema | Diamante cristalino blanco |
| Color | Diferentes tonos de verde que recuerden el agua |
| Metal | Estaño |
| Esencia | Loto |
| Planta | Lirio de agua |
| Símbolo | Los peces |
| Signo | ♓ |
| Animal | Peces |
| Signo compatible | Escorpio |

## Características

Los nativos de este signo tienen muy desarrolladas las cualidades intuitivas y místicas. Esto les acarrea mucha incomprensión por parte de la mayoría de la gente que es materialista. El pisciano es compasivo, generoso hasta el sacrificio, muy espiritual, muy comprensivo, lo que lo hace adaptable, receptivo, caritativo, pacífico.

Sin embargo son muy distraídos, pudiendo llegar hasta la confusión y el desorden. Son engañosos y evasivos, de grandes contrastes emocionales, les gusta mucho fantasear y soñar por lo cual tienden a idealizar a su pareja. Para la pareja de un Piscis, es muy difícil estar a la altura de sus ideales.

## Mensaje de Barkiel

Considerando tu gran sensibilidad, analiza en qué forma la has empleado. ¿Alguna vez te has puesto a pensar que también debes usarla en beneficio de los demás? Los seres humanos tienen que llegar al convencimiento de que mejor calidad de vida tendrán, cuando se empeñen en mejorar la de los demás.

## Consejo de Barkiel

No basta con creer en Dios. Es muy importante que tengas fe en Él. Son dos cosas diferentes. Recuerda que Dios nuca te abandona y nosotros los ángeles tampoco. Te amamos a ti y a la humanidad entera. Solamente te pedimos que nos autorices de vez en cuando para hacernos sentir con nuestras gracias, dones y bondades en tu vida. Será para nosotros un placer servirte sirviendo a Dios.

# 18

## REGALO FINAL DE LOS ARCÁNGELES PARA LOS LECTORES

### MAGIA ARCANGÉLICA PARA CONCRETAR REALIZACIONES

Si deseas que un proyecto que tienes en mente se haga realidad, vas a hacer lo siguiente: tomas una hoja de papel en blanco, por cada objetivo que tengas en tu mente y lo dibujas con todos los detalles, marcando el camino o diseñando la vía hacia donde necesitas ir. Lo haces con mucha fe y mucho colorido con lápices de colores, o si deseas puedes utilizar acuarela, creyones, etc. La parte artística queda a tu gusto.

Luego todas esas hojas de planes que haces en orden divino, las enrollas, las atas y las metes en un frasco. Pueden quedar las hojas por fuera del frasco. Lo del frasco no tiene nada que ver con el ritual. Es simplemente una idea de la autora para evitar que se puedan quemar, ya que vas a colocar estos proyectos tuyos, en el centro de un determinado número de velas blancas o de colores claros como el amarillo o el rosado o el azul celeste. Las velas serán entre siete a veintiuno, en honor de igual número de arcángeles que son los que te van a ayudar a realizar estos proyectos.

Se puede apreciar que las distintas peticiones a los arcángeles se han colocado dentro de un frasco de cristal con el objeto de que el papel no vaya a ser alcanzado accidentalmente por las llamas de las velas que están alrededor, evitando así un incendio.

En cada hoja de papel blanco se dibuja tal como se ha indicado en esta ilustración, una intención o petición, a todo color, empleando una imaginación creativa y rica en detalles, "dibujando el camino" como lo manifestó el ángel que dio el mensaje. Si es una isla, dibujarla como tal. En el caso de un viaje por avión, se dibuja el avión, el peticionario dentro del mismo y el lugar donde quiere llegar. Si es una ciudad, dibujar una parte de dicha urbe. Si se desea un apartamento, dibujar en lo máximo posible el edificio parecido al que se desea encontrar para vivir allí y todos los detalles que más se puedan colocar, a fin de darle fuerza a la petición.

Tienes que ponerle fuerza a estos objetivos. La fuerza se la vas a dar repitiendo constantemente: "Gracias Dios mío porque tal cosa —que está dibujada en las hojas de solicitud— ya es una realidad". O también puedes decir: "Porque me has abierto el camino para que tal cosa se realice". También haces meditaciones diarias donde visualizas el proyecto cumplido o sea, realizado, finalizado exitosamente y tú sintiéndose muy feliz y compartiendo esa felicidad con tus seres queridos. Ejemplo: has solicitado un empleo, entonces te dibujas en tu lugar de trabajo tal como lo deseas y recibiendo un cheque mensual por la cantidad a la que aspiras —dentro de un equilibrio, porque si deseas el cargo de secretaria, no pretenderás ganar más que el presidente de la corporación a donde quieres ir a trabajar. Pero sí, dentro de esa categoría, una secretaria muy bien pagada, correspondiente ese salario a lo competente que tú eres—.

En la visualización te ves en esa oficina, cumpliendo con tu trabajo, entrando y saliendo de la empresa, compartiendo con tus compañeros, contando a tus seres queridos que ya tienes ese trabajo tan maravilloso y sintiendo, viviendo intensamente la alegría de haber alcanzado ese objetivo. Con este sentimiento dentro de ti, levantas los brazos y dices: Dejo esto en manos de mis amados arcángeles para su realización. ¡Es un hecho cumplido!

# 19

## CAPÍTULO FINAL

### *Querido amigo lector*

Es mi deseo y así se lo he pedido tanto a Dios, como a los Arcanos de la Trinidad Perfecta y a todos los arcángeles y ángeles que ellos han permisado para que me ayudaran en esta obra, que lo aquí escrito sirva para orientarte en el extenso, rico y maravilloso mundo agelical.

Que hayas aprendido que a los ángeles es muy fácil llegarles. En realidad, ellos están ansiosos de romper las barreras que existen en la comunicación entre ellos y nosotros, siendo la primera de esas barreras, nuestro libre albedrío. Por lo tanto, no es sino que manifiestes tu deseo de establecer ese diálogo permanente y cuando menos lo pienses, te encontrarás en un "tú a tú" con tu ángel favorito. Porque en realidad, todos son nuestros favoritos en el momento en que iniciamos esta amistad estrecha.

No es necesario ir a ninguna parte especial para contactar a tus amigos ángeles. Ellos están a tu alrededor. Siempre rodeándote, hay varios comandados por un arcángel. Invariablemente hay ángeles supervisando o trabajando en todo lo que tú puedas ver o no ver, en tu entorno y en todas partes. Lo único que tienes que hacer para sentirlos, palparlos, verlos, oírlos y comunicarte con ellos, es tratar, insistir con tus peticiones y conducta que demuestre que real y sinceramente deseas evolucionar, o sea, mejorar en todo sentido, especialmente en el espiritual. Rodéate mentalmente de muchos ángeles y ellos harán eso una realidad.

Como punto final te dejo la oración que frecuentemente digo:

Gracias Dios mío por los maravillosos
y encantadores ángeles
que has enviado a protegerme
y acompañarme en mi casa querida.

Aquí mencionas el lugar que desees o donde te encuentres —oficina, negocio, finca, colegio, escuela, universidad, etc.—.

También dependiendo del estado anímico que yo desee tener o necesite tener, rezo la siguiente oración:

Gracias Señor porque están conmigo los ángeles de la alegría.

La siguiente oración la digo cuando voy a hablar con alguien importante o a definir algo escencial para mí, como un negocio, papeleo, etc.:

Gracias Dios, porque me están acompañando
los ángeles del triunfo y del éxito.

Y oraciones que son meros enunciados como:

Gracias Dios mío, porque me acompañan
siempre los ángeles de la salud.

Tú nombras e invocas en esta forma a los ángeles que necesites en un momento preciso y como por arte de magia, sentirás que su presencia es un hecho palpable en la forma en que comienzas a sentirte desde ese momento.

Dios y los ángeles te bendicen.

—Tu amiga, Luz Stella

# 20

# GLOSARIO

AVATAR: Son muy pocos los hombres que han merecido este título. Se les llama así a grandes maestros iluminados, como Jesús de Nazareth, Buda, etc.

AQUILÓN: Término muy usado en la Biblia. Se denomina así al viento fuerte proveniente del norte.

BRIAH, MUNDO DE: Según la Cábala Judía, se crearon cuatro mundos que vendrían siendo cuatro dimensiones distintas: primera dimensión, segunda, tercera en la que vivimos en el planeta Tierra y la cuarta. Una de estas dimensiones es llamada Briah.

CÁBALA: La forma de escribir esta palabra en castellano, varía desde kábala, hasta quabaallá. Es el estudio esotérico que inicialmente los entendidos judíos hicieron y que por su gran profundidad fue transmitida de maestro a discípulo en forma oral. En la época contemporánea, este conocimiento ha sido vertido a libros e incluso se ha modificado al ser adaptado a diferentes religiones y creencias.

CANALIZACIÓN: En el conocimiento espiritual y místico moderno, cuando un ser humano se entona con un ser espiritual de los estratos altos del mundo astral y logra una comunicación directa, se le llama canalizar y a quien lo hace, se le dice canal. Es distinto ser canal, a ser médium. El médium se comunica mayormente con desencarnados, o sea personas que han muerto. El canal evita estos contactos para no contaminarse.

CIELO: PRIMERO, SEGUNDO, TERCERO, ETC.: Los estratos más altos del mundo espiritual están divididos en varias categorías o estamentos que los estudiosos del misticismo han bautizado como cielos. Al describir el lugar donde hipotéticamente residen ciertas inteligencias angélicas, las sitúan en estos lugares denominados cielos, los cuales están numerados del uno al siete. Un ángel de acuerdo a su energía, puede estar en varios cielos al mismo tiempo.

CONCILIO: Asamblea de obispos y doctores en teología de la iglesia católica romana, convocada por el Papa, para discutir cuestiones de creencias, doctrina y disciplina eclesiástica.

CORÁN: También se puede escribir Korán. Es el principal libro de la religión islámica donde están fijadas las doctrinas que su fundador Mohamed dejó a sus seguidores. Los capítulos o divisiones de este libro son llamados *Siuras*. Se escribe Sura.

DANDARA: Localidad egipcia donde fue hallado el famoso y bello zodiaco que tomó el nombre de este lugar. Actualmente se encuentra exhibido en el museo Louvre en París.

DEVA: En el Reino Angelical se llama Deva a una categoría de ángeles situada por debajo de la de Ángel normal y corriente o raso. Los Devas por lo general cuidan grupalmente a los animales, ya sean mamíferos o insectos, igualmente a las plantas y a la ecología en general.

ESENIOS: Grupo judío de hombres y mujeres dedicados a estudiar las verdades místicas y esotéricas de las enseñanzas de la religión. Por tal motivo fueron muy perseguidos hasta su extinción. Mucha de su enseñanza ha podido llegar hasta nosotros hoy en día. Se supone que tanto Jesús de Nazareth como sus padres José y María, pertenecían a las escuelas de los esenios.

GNÓSTICO: Relativo o perteneciente al gnosticismo. Proviene de la palabra *gnosis* que quiere decir *conocimiento*. Se denominan así mismo gnósticos, aquellos movimientos o doctrinas dedicados a estudiar de manera muy trascendental los misterios del mundo espiritual desde un punto de partida muy puro y místico, así como los atributos de Dios.

HUESTE: Según el diccionario, esta palabra cuya etimología viene del latín, quiere decir enemigo y/o el que hace la guerra. La Biblia utiliza el vocablo Huestes para referirse a los grandes ejércitos de ángeles partidarios de Dios, seguidores de Dios y combatientes de los enemigos de Dios.

INSTITUTO DE APRENDIZAJE: No solamente algunos libros sagrados y no sagrados sino escritos por personalidades reconocidas en la antigüedad como grandes poseedores de la verdad angélica, han hablado de Institutos de Aprendizaje en el mundo espiritual, sino que la autora de esta obra, ha asistido personalmente a canalizaciones donde han sido nombrados de "mutuo propio" por la entidad que está comunicándose. Estos Institutos son una especie de universidades a donde asisten las almas que se están preparando y evolucionando a través del conocimiento que allí adquieren.

MIRÍADA: Término muy común en la Biblia para designar a los grandes ejércitos de ángeles. Miríada quiere decir número grande e indeterminado. También se emplea cuando se refiere a las estrellas: "Miríada de estrellas".

MOSAICA: Derivada esta palabra de Moisés. Se emplea para catalogar la ley de este avatar, así como todo lo relacionado con él.

NIRVANA: Estado de éxtasis o de elevación espiritual alcanzado mediante la evolución del alma, que los budistas aspiran alcanzar. Es volver a la fuente de donde hemos salido: Dios.

PENTÁCULO: Es una estrella que se usa como símbolo mágico. A veces tiene cinco, otras, seis puntas.

PARSI: Nombre dado a los descendientes de la antigua religión fundada por Zoroastro. También a todo lo relacionado con la antigua Persia, tal como el idioma que se hablaba. Debido a las persecuciones religiosas de los islámicos en Persia, los parsis se vieron obligados a emigrar a la India, donde tienen una gran comunidad y se han asimilado muy bien con los hindúes.

PENTATEUCO: Palabra compuesta proveniente del griego que se refiere a los primeros cinco libros canónigos —aceptados por la iglesia católica— de la Biblia.

RUNAS: Originalmente este nombre se daba a los caracteres de escritura de los antiguos alfabetos escandinavos. También se refiere a las piedras que conteniendo esos caracteres, sirven como artes adivinatorias.

SABATH: Palabra usada para denominar no solamente el día sábado, sino la observancia del mismo y los ritos que la religión hebrea prescribe para esta ocasión, los cuales comienzan a partir de la salida de la primera estrella, el día viernes previo, cuando se encienden las velas —candelas— y en esta forma se inicia su observancia, recordando el descanso que según la Biblia, Dios tomó al séptimo día de la creación.

SEPHIROT (SEFIROT): Quiere decir emanaciones. El singular es Sefirah, emanación. Se indica la personalidad, la manera de ser de alguien, específicamente Dios. Aquí se concuerda con la doctrina de la iglesia católica en cuanto a que Dios creó por emanación. En la Cábala, un sefirah, es un ángel —creado por emanación de Dios—.

SHEMHAMPHORAE: Ó Shem-ham-foráh. Son palabras hebreas. La primera se pronuncia *shemjamfore* y la segunda, *shemjamforá*. Quiere decir los 72 nombres sagrados conocidos de Dios por los hebreos, además de Jehová y Yaveh. Los islámicos dicen que son 99 estos nombres sagrados de Dios. La Shem-hamforah, es representada en algunos libros antiguos, como una gran flor con 72 pétalos, cada uno de los cuales tiene escrito uno de los 72 nombres sagrados. Sin embargo, la representación más común es la de una nube radiante de la cual salen 72 rayos representando cada uno a uno de los citados nombres. Por su parte, la nube tiene el nombre de Jehová.

TALMUD: Viene del hebreo *Thalmud* que quiere decir aprender. Es el libro de los judíos que contiene la tradición, doctrinas y política a seguir en forma tan rigurosa como la misma ley de Moisés. Es el código completo civil y religioso de la sinagoga —templo—. Su objetivo es explicar la ley de Moisés, de conformidad con el espíritu de la tradición verbal.

TORAH: Es el nombre hebreo del Libro de la Ley de Moisés. En general significa enseñanza o ley.

VIVIENTES: Término empleado por el profeta Ezequiel para describir a los Ofanines —coro angélico— que se le presentaron en una visión.

ZOHAR: Conocido también como *Libro del Esplendor*. Es la obra que dio origen a la Cábala. Al respecto cabe destacar que la Cábala dio origen a la metafísica. El *Zohar* es uno de los más importantes libros místicos del judaísmo y su autoría es atribuida al Rabí Shimón Baryoay.

ZOROASTRO: También conocido como Zaratustra: filósofo persa fundador de la religión mazdeista. Dejó escritos muy importantes sobre teología y angeología. Su religión fue exterminada por persecución religiosa.

# BIBLIOGRAFÍA

Agrippa, Cornelius. *Tres libros de Filosofía Oculta.* Primera versión en inglés publicada en 1651.

Allegro, John. *Los Rollos del Mar Muerto.* Editados por Harmondsworth, Middlesex, Inglaterra, 1957.

Ambrose, Isaac. *Ministration and Comunión with Angels.* Editado en Londres por In Compleat Book, 1710.

Angoff, Charles. *Aventuras en el Cielo.* Editado por Charles Ackerman, 1945.

*Bahagavad Gita* (India).

Blavatsky, Madame, *La Doctrina Secreta.* Editorial Kier, S.A. Buenos Aires. Traducción de varios miembros de la Rama de la S. T. E. Edición argentina cotejada con la cuarta edición inglesa. Decima cuarta edición, 1997.

Budge, Sir E. A. Wallis, *Amuletos y Talismanes.* Publicaciones Universitarias Nueva York, 1961.

Camfield, Benjamín. *A Teological Discourse of Angels.* Publicado por H. Brome, Londres, 1678.

*Credos Paganos y Cristianos.* Editado por Blue Ribbon Books, 1920.

Davidson, Gustave. *A Dictionary of Angels.* New York, Macmillan, 1967.

*El alfabeto del Rabino Akiba*. Librería del Seminario de Estudios Judíos, Nueva York.

*El Corán* (Libro sagrado islámico).

*El Sefer Yezirath* (Hebreo).

*El Talmud* (Hebreo).

E. J. Brill. *Los Mandaneos de Iraq*, 1962.

G. B., Caird. *Principalidades y Poderes*. Publicado por Oxford, 1956.

G. Bell. *Misticismo Judío*, Londres, 1913.

Godwin, Malcolm. *Ángeles, una especie en peligro de extinción*. Robin Book.

Grigorieff, V. *El Gran Libro de las Religiones del Mundo*. Robin Book, 1995.

Ha-Levy, Moses, rabino. *Berich Menuca*. Contiene información mística de los judíos, Ámsterdam, 1648.

*Heptameron, seu Elementa Magica*. París, 1567.

Iglesia de los Santos de los Últimos Días. *El Libro del Mormón*.

*La Biblia* (Cristianismo).

*Los libros Apócrifos del Nuevo Testamento* y también del *Antiguo Testamento*. Son muchos los rollos encontrados en el Medio Oriente en regiones cercanas a donde vivió Jesús de Nazareth.

Kegan, Paul, *El Libro de los muertos*. Londres, 1898.

*La Torah* (Judaismo).

—— *Isis sin Velo*. Editorial Humanitas, S.L.1.998. Barcelona, España. Reimpresión de la primera edición en español de 1.991.

Magnus, Alberto. *Los Admirables Secretos de Alberto El Grande*. Lyon, 1752.

Méndez, Conny. *El libro de Enoch*. Versiones de distintos autores. Bienes Lacónica, Venezuela.

*Pseudo-Dionysius: The Complete Works*, New York, Paulist Press, 1987.

*Ritual Mágico*. Editado por Noonday Press, 1959.

Sefer Ha' Ikkarim. *El Libro de los Principios*. Originalmente publicado en venecia en 1618. Edición actual en 5 volúmenes publicada por la Sociedad de Publicaciones Judías de América.

The Society for promoting Christian Knowledge, *El Libro de los Jubileos.*

Todros, Abufalia R. *Otsar H-Kavod* —Tesoros de Gloria—. Primera edición publicada en Polonia, 1879.

University Books, *Osiris: La Religión Egipcia de la Resurrección.* Nueva York, 1961.

Young, E. J. *The Book of Isaiah In New International Critical Commentary.* Grand Rapids, Edermans, 1965.

Wizards Bookshelf. *El libro del profeta Enoch,* 1983.

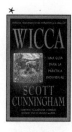

Luz Estella Rozo

**EL PODER MILAGROSO DE LOS SALMOS**

Los poderes sagrados y mágicos de estos cantos
son milagrosos y tienen usos específicos.
Aquí se enseña cómo recitarlos,
y llevar a cabo rituales para
recuperar la salud en general.

7½" x 9⅛" • 384 págs.
0-7387-0190-4

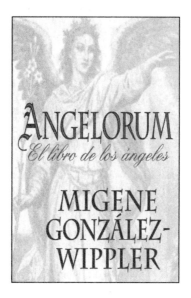

**Migene González-Wippler**

**ANGELORUM**
**El libro de los Ángeles**

Aprenda sobre "los siete cielos" y los
ángeles que los resguardan, el Paraíso,
los cuatro Arcángeles y más.
Descubra cuál es su Ángel guardián
y cómo puede pedirle ayuda y dirección.
Incluye mensajes proféticos
para el nuevo milenio.

**7½" x 9⅛" • 288 págs.**

**1-56718-395-6**

Doña Carolina da Silva

**FUEGO ANGELICAL**
**Magia, leyendas y tradiciones**

El espíritu de Doña Carolina
regresa para continuar sus enseñanzas
por medio de una historia
que cautiva las tradiciones
populares hispanas.

5³⁄₁₆" x 8" • 192 págs.

1-56718-237-2

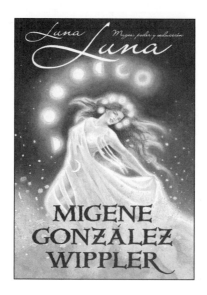

**Migene González–Wipler**

### LUNA LUNA

*Luna, Luna* expone cómo la fuerza del
satélite natural influye en el comportamiento
humano. No es necesario el conocimiento
previo de magia para tomar ventaja
al aceptar la Luna en el diario vivir.

5³⁄₁₆" x 8" • 240 págs.

0-7387-0586-1

Richard Webster
**ÁNGELES GUARDIANES**
**Y GUÍAS ESPIRITUALES**

Por medio de fáciles ejercicios podrá
comunicarse con su Ángel guardian y sus
guías espirituales. Aprenda a reconocer
los sueños que le traen mensajes
del mundo espiritual.

**5³⁄₁₆" x 8" • 336 págs.**

**1-56718-786-2**

**Miller-Russo**

## LOS ARCÁNGELES

Viva cada día de su vida con júbilo y amor.
Por medio de ésta guía práctica y espiritual
los arcángeles revelan técnicas y fórmulas
que transformarán su diario vivir
en una gran aventura.

7½" x 9⅛" • 288 págs.

1-56718-497-9

Michael Newton

### DESTINO DE LAS ALMAS
**Un eterno crecimiento espiritual**

A través de una extensiva investigación, el autor
reúne pruebas y resultados en el campo de la
hipnoterapia espiritual. Explore el significado
de las memorias en niveles profundos del
subconciente a medida que son relatadas por
individuos bajo el trance hipnótico.
Descubra cuál es su verdadero
propósito en este mundo.

**6" x 9" • 360 págs.**

1-56718-498-7

## ¿QUÉ LE GUSTARÍA LEER?

Llewellyn Español desea saber qué clase de lecturas está buscando y le es difícil encontrar. ¿Qué le gustaría leer? ¿Qué temas de la Nueva Era deberían tratarse? Si tiene ideas, comentarios o sugerencias, puede escribir a la siguiente dirección:

ximena@llewellyn.com

Llewellyn Español
Attn: Ximena, Adquisiciones
P.O. Box 64383-0383
St. Paul, MN 55164-0383
USA

1-800-THE MOON
(1-800-843-6666)
www.llewellynespanol.com

# MANTÉNGASE EN CONTACTO...

Visítenos a través de Internet, o en su librería local,
donde encontrará más publicaciones sobre temas relacionados.

## www.llewellynespanol.com

**CORREO Y ENVÍO**

✔ $5 por ordenes menores a $20.00
✔ $6 por ordenes mayores a $20.01
✔ No se cobra por ordenes mayores a $100.00
✔ En U.S.A. los envíos son a través de UPS. No se hacen envíos a Oficinas Postales.
**Ordenes a Alaska, Hawai, Canadá, México y Puerto Rico** se envían en 1ª clase.
**Ordenes Internacionales:** *Envío aéreo*, agregue el precio igual de c/libro al total del valor ordenado más $5.00 por cada artículo diferente a libros (audiotapes, etc.).
*Envío terrestre*, agregue $1.00 por artículo.

**ORDENES POR TELÉFONO**

✔ Mencione este número al hacer su pedido: 0-7387-0645-0
✔ Llame gratis en los Estados Unidos y Canadá al teléfono:1-877-LA-MAGIA.
En Minnesota, al (651) 291-1970
✔ Aceptamos tarjetas de crédito: VISA, MasterCard y American Express.

**OFERTAS ESPECIALES**

✔ 20% de descuento para grupos de estudio. Deberá ordenar por lo menos cinco copias del mismo libro para obtener el descuento.

4-6 semanas para la entrega de cualquier artículo. Tarifas de correo pueden cambiar.

## CATÁLOGO GRATIS

Ordene una copia de Llewellyn Español. Allí encontrará información detallada de todos
los libros en español en circulación y por publicarse. Se la enviaremos a vuelta de correo.

## LLEWELLYN ESPAÑOL

P.O. Box 64383, Dep. 0-7387-0645-0
Saint Paul, MN 55164-0383
### 1-877-526-2442